本书系重庆市普通高中生物阶梯式实践课程创新基地项目：重庆市普通高中精品选修课程"餐桌上的科学"的教学成果和重庆市普通高中教育教学改革研究课题"高中生物学教材中课程资源的开发与利用"（课题编号：2019CQJWGZ3011）的研究成果。

餐桌上的科学

禹云霜　　主编

蔡　乐　龚南贵　　副主编

 西南大学出版社

国家一级出版社　全国百佳图书出版单位

图书在版编目（CIP）数据

餐桌上的科学 / 禹云霜主编 . — 重庆：西南大学
出版社，2021.12
ISBN 978-7-5697-1214-8

Ⅰ.①餐… Ⅱ.①禹… Ⅲ.①社会实践—活动课程—
高中—教学参考资料 Ⅳ.①G632.429

中国版本图书馆 CIP 数据核字（2021）第 246440 号

餐桌上的科学
CANZHUO SHANG DE KEXUE

主　编：禹云霜
副主编：蔡　乐　龚南贵

责任编辑：段小佳　刘　彦
责任校对：李晓瑞
装帧设计：观止堂＿未氓
排　　版：黄金红
出版发行：西南大学出版社（原西南师范大学出版社）
　　　　　地址：重庆市北碚区天生路 2 号
　　　　　邮编：400715
　　　　　网址：http://www.xdcbs.com
　　　　　市场营销部电话：023-68868624
印　　刷：重庆友源印务有限公司
幅面尺寸：170 mm × 240 mm
印　　张：9.5
字　　数：132 千字
版　　次：2021 年 12 月 第 1 版
印　　次：2021 年 12 月 第 1 次印刷
书　　号：ISBN 978-7-5697-1214-8

定　　价：48.00 元

编委会

主 编

禹云霜

副主编

蔡 乐　龚南贵

编 委

（以姓氏笔画为序）

王 川　王 智　卢克欢　齐登伟

李 玲　杨德芳　张 玉　张 瑶

张 弢　张扬欢　林光英　季 鑫

周晓庆　郑芘月　孟一娟　胡佐灿

徐洪强　黄荣超　彭 丽　董聪亮

曾丽霖　谭 林

本书是由重庆市巴蜀中学校组织禹云霜老师以及生物教研室的骨干教师编写的知识拓展兼社会实践类校本课程的读本。

全书一共分为三个专题，分别是：专题一饮食安全，下设 8 个课题；专题二饮食营养，下设 10 个课题；专题三饮食文化，下设 8 个课题。共计 26 课时完成本门选修课的教学。本课程的目的在于让学生习得有关食品安全、营养膳食、用餐文化相关的基本知识、概念、原理和规律，以及相关生物技术在生活、生产和社会发展中的应用；获得在生活中搜集生命科学的相关信息，并鉴别、选择、分析和运用的能力；正确认识生命科学和技术的性质，能够理解生命科学、技术和我们生活的关系，能够运用生命科学知识和观念看待、分析、解决我们生活中的现象及问题，培养学生生物学素养，同时也是对新课标课程改革的物化体现。在三个专题中，每个专题都会有学生联系社会实践的讨论，学生在调查走访中，自身社会责任感会得到强化。尤其在"饮食文化"专题中，学生研究中国传统文化，进一步深化教学主题，科学知识的背后饱含浓浓的人情，可以将本课程的双重主旨烘托出来。该课程从根本上关心青少年的成长和发展，为他们的人生夯实基础。

每一个课题一般是按照理论学习和动手实践相结合进行教学。本书文图并茂，内容充实，对高中阶段的生物学习有一定的理论和实践指导意义。

本书适合高一年级的学生使用。

目 录

专题一　饮食安全　　　　　　　　　　　1

　　课题1　食品安全概述　　　　　　　　　3

　　课题2　饮食习惯与健康生活　　　　　　8

　　课题3　中学生健康饮食攻略　　　　　　16

　　课题4　餐具安全知多少　　　　　　　　20

　　课题5　无公害、绿色、有机蔬菜　　　　25

　　课题6　泡菜、剩菜中亚硝酸盐的检测　　30

　　课题7　初识有毒蕈菌　　　　　　　　　35

　　课题8　拒绝食用野生动物　　　　　　　42

专题二　饮食营养　　　　　　　　　　　47

　　课题1　主食的营养与烹饪　　　　　　　49

　　课题2　常见菜肴的营养与烹饪　　　　　56

　　课题3　豆花的营养与制作　　　　　　　63

课题4　馒头的营养与酵母菌发酵　　　　　　　70

课题5　果酒与酵母菌发酵　　　　　　　　　74

课题6　泡菜与乳酸菌发酵　　　　　　　　　80

课题7　酸奶的营养与酿制　　　　　　　　　84

课题8　食用菌的营养与烹饪　　　　　　　　87

课题9　重庆火锅　　　　　　　　　　　　　93

课题10　药食同源与药膳制作　　　　　　　　98

专题三　饮食文化　　　　　　　　　　　　　103

课题1　菜品命名的艺术　　　　　　　　　　105

课题2　菜品摆盘的艺术　　　　　　　　　　110

课题3　菜品的深度美化——分子料理　　　　114

课题4　清明节传统饮食文化　　　　　　　　118

课题5　端午节传统饮食文化　　　　　　　　122

课题6　餐桌上的礼仪　　　　　　　　　　　125

课题7　厉行节约　拒绝浪费　　　　　　　　132

课题8　中国美食的传承与发展　　　　　　　137

饮食安全

"民以食为天，食以安为先"，食物是人类赖以生存的物质基础。身体的生长发育和组织更新所需要的原料、人体的各种生理活动和保持体温恒定所需要的能量都是由食物供给的。食品安全是一项关系国计民生的"民心工程"，直接关系到广大人民群众的身体健康和生命安全，关系到经济发展和社会稳定。

食品安全的保障是一项复杂的系统工程，从生产到流通，再到消费，各个环节都需要严格监控；从政府到企业，再到消费者，人人都要明白，家家都要参与。前些年发生的苏丹红、三聚氰胺等各类食品安全事件使广大消费者至今仍心有余悸。加强食品安全宣传教育，提高全民食品安全知识水平和自我保护能力，营造全社会共同关注、共同参与食品安全的良好氛围是我们所有人的责任与义务。

食品安全概述

食品安全与人们的健康和生命息息相关，与食品安全相关的热点话题层出不穷，如国内的"三聚氰胺毒奶粉"、席卷欧洲16国的"牛肉丑闻"、德国的"毒黄瓜"等。

你是否了解中国和欧盟的食品安全标准和监管制度呢？作为一名普通的公民，你该如何提高自身的食品安全意识呢？

课题聚焦

◎我国食品安全标准有哪些内容？

◎欧盟食品安全标准有哪些值得借鉴之处？

◎如何检索某种食物的食品安全标准？

◎如何科学看待转基因食品？

中国食品安全标准概述

食品安全的实施需要适当的标准和法规来指导、监管。近年来，中国政府高度重视食品安全，对原有食品安全标准进行了修订和完善，分别制定了国家、地方和企业三级食品安全标准，还设立了食品安全国家标准审评委员会负责审查食品安全。

中国食品安全标准（强制性执行）内容如图1所示：

（2）标签制度保证了标注在产品上的信息是全面、可信、精确的。所有标签都必须具备以下信息：产品名称、产品成分、产品使用期、特殊的使用条件、产品中可能引起过敏的成分及生产商的名字和地址等；此外，必须经科学检测，保证其营养价值的真实性，才能对食品标上如低脂肪、钙补充剂等信息。对消费者而言，全面、可信的食品信息标注尊重了他们的知情权，也便利了他们对营养需求做出合理选择。

（3）严格的处罚措施。在英国，根据《食品安全法》，违法主体最高将被处以两年监禁或无上限罚款；在德国，检查部门会对食品造假的肇事者提出刑事诉讼，受损方可以提出巨额民事赔偿；在法国，若销售过期食品被检查部门发现，店铺立刻就得关门。

（4）食品安全指令和协调标准各司其职又互相配合。欧盟理事会制定了框架指令并作为指导文件；技术委员会制定了协调标准作为具体的技术细节。企业可以选择不执行协调标准，但产品必须符合指令的基本要求。这给了企业自由选择的余地，由此避免采取强制性标准阻碍技术进步。

与生活的联系

检索蜂蜜的食品安全标准

访问"食品安全国家标准数据检索平台"（http: //bz.cfsa.net.cn/db），进入以下页面：

输入蜂蜜，可检索出以下内容：

GB 14963—2011

食品安全国家标准
蜂 蜜

1 范围

本标准适用于蜂蜜，不适用于蜂蜜制品。

2 术语和定义

蜂蜜

蜜蜂采集植物的花蜜、分泌物或蜜露后，与自身分泌物混合后，经充分酿造而成的天然甜物质。

3 技术要求

3.1 蜜源要求

蜜蜂采集植物的花蜜、分泌物或蜜露应安全无毒，不得来源于雷公藤（Tripterygium wilfordii Hook. F.）、博落回［Macleaya cordata（Willd.）R. Br］、狼毒（Stellera chamaejasme L.）等有毒蜜源植物。

3.2 感官要求

感官要求应符合表 1 的规定。

表 1 感官要求

项 目	要 求	检验方法
色泽	依蜜源品种不同，从水白色（近无色）至深色（暗褐色）	按 SN/T 0852 的相应方法检验
滋味、气味	具有特有的滋味、气味，无异味	
状态	常温下呈黏稠流体状，或部分及全部结晶	
杂质	不得含有蜜蜂肢体、幼虫、蜡屑及正常视力可见杂质（含蜡屑黑蜜除外）	在自然光下观察状态，检查其有无杂质

3.3 理化指标

理化指标应符合表 2 的规定。

实践作业

1. 请通过访问"食品安全国家标准数据检索平台"（http：//bz.cfsa.net.cn/db），掌握检索某种食品安全标准的方法。

2. 查阅有关转基因食品的资料，如原理、品种、标识等以后，你会选择转基因食物吗？对自己的观点进行深入思考，与同学进行讨论。

3. 请收集两条有关"食物相克"的说法，查阅资料后，给出科学的判断和解释。

饮食习惯与健康生活

吃是一种需要，会吃却是一门学问。会吃的人，能在享受美食的同时享受着健康的快乐。俗话说"病从口入"是有道理的，因为很多病就是吃出来的，近年来由于营养过剩而引起的肥胖、糖尿病、高血脂、高血压等疾病的发病率越来越高，说明不是吃得越好就越健康。那么，如何才能做到真正的健康饮食呢？

课题聚焦

◎常见的不良饮食习惯及其危害？

◎如何养成良好的饮食习惯？

当今社会，国民生活日益改善。我们吃饭不仅是为了填饱肚子或是解馋，更重要的是保证身体正常发育和健康。食物是维持人体生命的必需物质，但是饮食不当则又会成为疾病发生的重要原因。所以，人需要饮食，更需要健康饮食。

▶ 不良饮食习惯与危害

1. 不吃早餐

随着城市生活的节奏越来越快，人们饮食不规律现象非常普遍。然而，不规律的饮食会打乱消化系统正常机能，如果长期如此，则会严重影响肠

胃功能，肠胃炎、胃溃疡等疾病都会找上门来。例如，有很多人经常忽略早餐，由于没有摄入充足的营养物质，易引起血糖降低。当血糖浓度低于 50~60 mg/dL 时，出现低血糖早期症状，例如四肢发冷、面色苍白、出冷汗、头晕、心慌等；当血糖浓度低于 45 mg/dL 时，出现低血糖晚期症状，如惊厥、昏迷等。此外，长期不吃早餐的人，还容易产生胆结石。肝脏分泌的胆汁，在胆囊中储存，当食物刺激十二指肠时，胆囊分泌胆汁进入肠道，但如果长期不吃早餐，则导致胆囊中的胆汁无法及时排出，可能引起胆汁中的胆固醇析出结晶，从而产生胆结石。

在三餐定时的情况下，人体内会自然产生胃结肠反射规律，可以使排便规律。但如果饮食不规律、不吃早餐等，可造成胃结肠反射作用失调，产生便秘等症状，身体排毒不畅，容易引起皮肤疾病，如痤疮等。

2. 经常吃夜宵

随着夜生活的普及，吃夜宵已经成为一些年轻人不可缺少的一项夜间活动。夜间本来是胃黏膜的再生和修复的时间，如果经常在夜间进食，会使胃黏膜的再生和修复不能顺利进行，而且食物长时间在胃中停留，使胃液大量分泌，对胃黏膜造成长时间的刺激，久而久之，很容易导致胃黏膜糜烂、溃疡等。一般在夜间，人处于休息状态，全身的新陈代谢都很弱，消化也不例外，如果在这期间吃食物，会造成肠道蠕动加速，由于消化食物需要大量的血液供应，所以血液循环也加快，人体就会比较兴奋，所以不利于休息。另外，由于睡眠时人体代谢效率降低了 10% ~ 15%，所以吃夜宵所吸收的营养物质不能充分地通过新陈代谢消耗掉，在体内转化成脂肪储存起来，则容易导致肥胖。

3.用餐过快

用餐过快也是一种普遍现象，很多人为了节省时间，用餐时狼吞虎咽，其实这种习惯往往会导致吃得更多，从而导致肥胖。其实，人的饥饿感和饱腹感是由人脑调节控制的。在人的下丘脑中，有控制食欲的

饱腹中枢和摄食中枢，葡萄糖和游离脂肪酸分别是刺激这两个中枢的物质。也就是说，如果长时间没有进食，血液中葡萄糖含量相对较低，引起饱腹感减弱；而脂肪酸含量相对增加，引起食欲增强。所以，如果饮食速度过快，肠胃中的葡萄糖还未来得及充分吸收，导致进食过程中血糖浓度一直没有得以迅速提升，不能有效刺激饱腹中枢，依然处于饥饿状态的你，自然就会增大饮食的摄入量，长此以往，则导致肥胖。

4.饮食过烫

生活中有不少人喜欢吃热的食物，甚至将"一热胜三鲜"和"趁热吃"当成是一种好的习惯。特别是在冬天，像火锅、热汤，这种滚烫的食物入肚似乎格外温暖。但是，长期吃过烫的食物是非常不健康的。因为

人的食道壁只能耐受 50℃~60℃ 的食物，超过这个温度，食道的黏膜就会烫伤。如果经常吃烫的食物，会对口腔、食管、胃内黏膜造成损害，反复地烫伤、修复，也就导致基底的细胞迅速增殖，久而久之，增生的细胞生长速度会异常加快或发生基因突变，也就增加了患食道癌的风险。

5.暴饮暴食

在过年过节亲朋聚会时，餐桌上的饭菜丰盛可口，便出现了暴饮暴食。这样的饮食行为会造成急性的胃扩张，胃变大后会使胃壁肌纤维强度变低，

进而影响胃的蠕动，不利于食物消化和胃排空，可引起胃肠不适、腹泻等不良反应。严重情况下会引起消化功能紊乱、急性肠胃炎、胰腺炎等。如果长期暴饮暴食，还会导致胃变大。因为胃的体积是随着进食量的变化而变化的，饮食过多会使胃壁肌纤维不断地得到锻炼，进而导致胃扩张。胃变大后存在很多不利影响，例如因进食量增加而引起肥胖、脂肪肝、高血脂等。

6. 偏食

偏食是饮食中的大忌，然而很多人却有偏食的习惯。偏食会让人体过多或者过少摄取某些物质，导致营养失衡，这就很容易使人体产生疾病。例如，喜欢吃肉不喜欢吃素的人，由于摄入过多的脂肪和胆固醇，造成高血脂，血液中的脂肪、胆固醇等脂质和复合糖类物质集聚在血管壁，会引起血管壁增厚变硬、血管腔狭窄，引起动脉粥样硬化。严重时会导致动脉阻塞，从而使相应组织和器官缺血，或坏死，引起重大疾病。相反，如果长期偏素食也会带来一些疾病。例如，植物蛋白中的赖氨酸含量较少，所以长期吃素食的人，体内会缺乏赖氨酸，导致人体内无法合成所需的某些免疫活性物质，进而引起免疫力下降。此外，长期偏素食的男性体内会缺乏锌或锰元素，这些元素的缺乏会影响到脑垂体分泌促性腺激素，从而导致出现性功能衰退，睾丸萎缩，精子数量减少等情况，甚至还有可能会导致男性不育，当然，对女性的生育能力也会造成影响。

7. 方便面当主食

方便面，口味多样，且食用方便快捷，不仅上班族喜欢，也深受宅男

宅女和各年龄段学生的喜爱。喜爱归喜爱，一定要适可而止，因为吃多了存在各种危害。方便面中的维生素含量很低，如果长期食用会影响身体的维生素供给，带来某些疾病。如果缺乏维生素 A 会影响到视力的发育导致出现夜盲症，缺乏维生素 B 会出现皮肤痤疮或者神经功能损害，缺乏维生素 C 会导致坏血病，缺乏维生素 D 会严重地影响钙质的吸收和代谢，小儿会出现佝偻病，而大人会出现抽搐或者骨质疏松、病理性骨折等情况。因此不论是哪种维生素都要保证充足的供应量，供人体的生理代谢所需。另外，方便面属于精致面粉，含有的纤维素比较少，如果长期食用则不利于肠胃的蠕动和排空，从而引起便秘，严重者则增加肠癌的风险。

8. 饮料代替白开水

我们都知道，水是生命之源，水分子要参与我们人体内各种生命活动，而我们为了解渴而喝水，其目的是调节体内渗透压的平衡，进而保障各项生命活动的有序进行。可是，尤其在夏天，由于冰镇饮料凉爽可口，

有些人便养成了用饮料代替水的习惯。饮料中含有较多的糖分，有的还添加了各种色素、香精等物质，长期饮用后，由于体内吸收了较多的糖类和其他电解质，反而有可能增大内环境的渗透压，引起组织细胞进一步失水，扰乱体内代谢平衡，无法起到真正的"解渴"效果。同时，内环境渗透压增大，会刺激下丘脑分泌更多的抗利尿激素，加强了肾小管和集合管对水的重吸收作用，使人体尿量减少，不利于体内代谢废物及时排除，从而引发其他各种疾病。

养成良好的饮食习惯

良好的饮食习惯与健康的膳食搭配有助于形成好的身体素质，增强机体免疫力，对于精力聚焦、提升睡眠质量、抵抗病毒侵袭等等，都是大有裨益的。

1. 每天需按时规律饮食，注意三餐的能量分配

早餐宜在 6:30—8:30，午餐宜在 11:30—13:30，晚餐宜在 18:00—20:00。针对早起早睡的人群：一天总摄入量的三餐分配约以 3.5:4:2.5 为宜；针对晚起晚睡的人群：一天总摄入量的分配约以 3:3.5:3:0.5 或 2.5:4:3:0.5 为宜，根据需要，适量加餐。遵循"早饭要吃好，午饭要吃饱，晚饭要吃少"的原则，每次吃饭最好是维持七八分饱。很多人往往忽视早餐，甚至经常不吃早餐，殊不知早餐里面含有大量的膳食纤维、碳水化合物、蛋白质及微量元素等，是补充身体所需的必要营养成分，能为机体提供所需要的热量，维持机体较好的身体状态。

2. 咀嚼吞咽速率适中

吃饭时宜细嚼慢咽，一般每次进餐的时间在 30 分钟左右较为适合。

3. 尽量避免进食过烫的食物

食物的温度最好不要超过 50℃。温度适宜的衡量标准可根据用手触碰盛有汤、菜的碗，感觉温度下降到不烫手来判断。尤其吃火锅、汤锅等，温度很高，不能过急吞咽，需等食物温度降下来再食用。

4. 合理膳食，注重三餐的营养搭配

日常三餐需注意营养搭配，增加食物多样性，保证营养充足。做到不挑食、不偏食。一般膳食应遵循中国营养学会制定的《中国居民平衡膳食

宝塔》，如下图所示。平衡膳食宝塔由四层组成，底层是谷类、薯类及杂豆，每天每人应吃 250~400 克；第二层是蔬菜和水果，每天应适量多吃，每天应分别吃 300~500 克和 200~400 克；第三层是肉类、蛋、鱼及其他水产品等，每天应适量吃，每天保持在 125~225 克（鱼虾类 50~100 克，畜、禽肉 50~75 克，蛋类 25~50 克）；第四层是奶类和豆类食品，每天应吃奶类及奶制品 300 克，豆类、豆制品及坚果 30~50 克；第五层是油脂类和食盐，每天应少吃，每天烹调油不超过 25~30 克，食盐不超过 6 克。同时，主食以谷类为主，粗细搭配。其中粗细搭配包括两层含义：一是要适当多吃一些传统粗粮，即相对于大米、白面这些细粮以外的谷类及杂豆、玉米、高粱、燕麦、荞麦、红小豆、绿豆等等，最好每天吃 50 克以上。二是指目前谷类主要是加工精度高的精米白面，需要适当混杂一些精度低的米面搭配使用。

图 1 中国居民平衡膳食宝塔

故可多吃蔬菜、水果和薯类。每天吃奶类、豆类及其制品。常吃适量鱼、禽、蛋、瘦肉，减少烹调油用量。切记不能以零食、方便食品、油炸食品来替代主食，注意热量、盐等的适量摄入。

5. 多饮水，每天应摄入足够的水

每个人每天都应保证足够的饮水量。健康成年人每天需饮水2500毫升左右，中小学生每天饮水1500~2000毫升为宜，饮水以白开水为宜，切不能以饮料代替白开水。

6. 饭前饭后均保持良好的习惯

饭前宜喝汤，不宜吃过多零食。可在饭前一小时或饭后两小时吃水果。饭后不宜喝茶，不宜立即运动或睡觉。饭前半小时到一小时或饭后半小时喝水，不要边吃饭边喝水。不喝生水、未开的水、千滚水、长时间储存不动的水、蒸锅水等。

民以食为天，严防病从口入，坚持合理饮食、享受健康生活！

实践作业

1. 制作调查不良饮食习惯的问卷，对自己居住的某区域展开调查，分析高频不良饮食习惯等，并写出一份调查报告。
2. 动手制作创意健康指南，并积极向社区宣传。

中学生健康饮食攻略

校园周边的食品摊中，那些散发着诱人香味、看起来光鲜亮丽、吃起来鲜美无比的食品，也许很多都属于垃圾食品。那么什么是垃圾食品呢？垃圾食品又有哪些类别呢？它们对我们中学生的健康有什么危害呢？

课题聚焦

◎ 食物中的营养素有哪些？

◎ 垃圾食品的定义是什么？

◎ 常见的垃圾食品种类有哪些？

◎ 中学生如何做到健康饮食？

中学生正处于青春发育期，生长发育迅速，新陈代谢旺盛，需要摄入的各种营养素相对较高。如果此时摄入营养不全面不均衡，则会造成发育迟缓、记忆力减退、视力下降、注意力不易集中等状况；而营养素摄入不足还会影响生长发育，导致营养素缺乏性疾病，如佝偻病、坏血病等，严重危害身体健康。

食物中的营养素

营养素是指食物中可给人体提供能量、构成机体和组织修复，以及具有生理调节功能的化学成分。维持我们人体生命活动所必需的营养素主要有水、蛋白质、脂类、糖类、维生素和矿物质等六大类，有的学者也将膳食纤维作为第七大营养素。

（1）水，是人体生命活动所必需的物质，人体的一切新陈代谢均离不开水的参与，正常成人水分大约占体重的60%~70%。人体内的水来源于摄入的水和各种食物。

（2）蛋白质，参与人体组织、器官的构成。人体的机体生长、组织修复、生化反应调节、组成抗体、维持渗透压、传递遗传信息，都离不开蛋白质的参与。

（3）脂肪，主要是储存和供给能量，保护内脏、关节等器官组织，具有缓冲、减压和保温的作用。

（4）糖类，主要的能源物质，为细胞的生命活动提供能量。

（5）维生素，不作为机体构成的组织原料，也不供能，只是一种调节物质，促进酶的活力或作为辅酶，对人体的生长发育和生理功能起重要作用。

（6）矿物质，是人体的主要组成物质，不能通过人体自身合成。其重要生理功能有：①构成骨骼；②维持神经、肌肉正常生理功能；③组成酶；④维持渗透压，保持酸碱平衡。

（7）膳食纤维，是指不能被我们消化系统消化的植物细胞残存物，包括纤维素、半纤维素、果胶、抗性淀粉和木质素等。膳食纤维具有促进肠道蠕动和肠道内益生菌的生长，调节脂类代谢，延缓碳水化合物的吸收等作用。

垃圾食品的常见种类及危害

垃圾食品，是指仅提供热量，几乎不含其他营养素的食物，或是提供超过人体需要，变成多余成分的食品。常见的垃圾食品有：可乐汽水等饮料、煎炸食品、糖果、薯片、方便面、甜点、腌制类食品等。

（1）可乐汽水等饮料：除了水和糖分之外，其他营养成分含量几乎为零。其中含有的磷酸、碳酸等物质虽然有刺激的口感但是会引起钙流失和妨碍钙吸收。

（2）煎炸食品：在煎炸过程中，由于油长时间加热，产生丙烯酰胺、苯并芘等有害物质，经常食用会增加肥胖、冠心病等疾病的风险。有的煎炸食品为了起到蓬松的口感，添加含铝的明矾，导致人体内铝富集，影响身体健康。

（3）糖果：主要成分为蔗糖，含糖量高达85%以上，几乎不含其他营养素或含量很低，会诱发肥胖、糖尿病、龋齿和心血管病。

（4）薯片：薯片的原料是马铃薯，但在煎炸过程中，水分挥发，油脂占据了水分的位置，造成高油脂，维生素也在高温中被破坏。同时，因为过度调味，所以薯片的含盐量较高。

（5）方便面：高盐高热量，维生素和矿物质含量低，膳食纤维低。其搭配的调味包、汤料包中含有大量盐分和添加剂。多种香精和防腐剂加大了肝肾负担；同时，其中添加的抗氧化剂，会破坏身体的酶系统。

（6）甜点：高糖高脂低纤维，热量很高，多吃易致肥胖。其诱人的色泽和香味，多源于添加色素和香精，在颜色、味道、外观上对中学生产生巨大诱惑。

（7）腌制类食品：腌制食品中高浓度的盐会抑制肉毒梭状芽孢杆菌等微生物的生长繁殖，但容易导致钠含量超标。经常食用会加重肾脏负担，容易增加高血压等疾病的患病风险。除此之外，腌制过程中还容易产生致癌致畸变物质——亚硝胺。

中学生健康饮食方案

中学生的健康成长离不开合理的饮食，健康饮食的核心是膳食平衡，营养均衡。根据青少年生长发育特点，中国营养协会建议14~18岁青少年每日营养摄入量如下：

　　能量 2900 卡 / 日（1 卡 =4.186 焦耳），蛋白质 85 克 / 日，碳水化合物占全天总能量的 55%~65%，脂肪占全天总能量的 25%~30%，饱和脂肪酸、单不饱和脂肪酸、脂肪酸的比例应该小于 1:1:1，钙为 800 毫克 / 日（每日不能超过 2000 毫克），铁 20 毫克 / 日（每日不能超过 50 毫克），锌为 19.0 毫克 / 日（每日不能超过 42 毫克），碘 150 微克 / 日（每日不能超过 800 微克），硫胺素为 800 微克，视黄醇少量（每日不能超过 2000 微克），核黄素为 1.5 毫克 / 日（每日不能超过 50 毫克）维生素 $B_2$1.5 毫克 / 日，维生素 C 为 100 毫克 / 日。

　　同时，建议食物多样，谷类为主，粗细搭配；多摄入蔬菜、水果，保证足量的维生素；每天吃奶类、大豆或其制品；常摄入适量的鱼、禽、蛋和瘦肉，少吃加工肉制品；减少烹调用油，多吃蒸、煮、炖等少油烹调的食物；吃清淡少盐膳食；每天足量饮水；吃新鲜卫生的食物。

实践作业

1. 请为你的父母设计一份一天的健康食谱。
2. 请为你自己设计一份一天的健康食谱，既能保证正常生长发育，又能控制体重。

餐具安全知多少

问题探讨

生活中，有着各式各类的餐具：陶瓷类、不锈钢类、竹木类、塑料类等。有的餐具色彩斑斓，非常精美；有的餐具质地讲究，做工精细。但这些餐具的安全性如何？它们会对使用者的健康造成影响吗？该如何正确辨别与使用各类餐具呢？

课题聚焦
◎ 不同的餐具可能存在什么安全问题？
◎ 不同的餐具选购及安全使用方法？

陶瓷餐具

陶瓷餐具一般是家庭使用的首选。优点是光滑细腻、质地纯正。其制作工序包括生产和烧制两个方面。生产工序包括：精选、淘洗坯釉原料，根据生产配方、磨碎、除铁、过筛、成形，然后干燥、修坯，备用。烧成工序包括：白坯入窑素烧，再进行精修、釉烧，出窑检选，得到合格白瓷。再对白瓷进行彩烤，如贴花、镶金等，入窑彩烤，出窑检选，得到合格花瓷成品。因此，虽陶瓷餐具相对安全，但伴随着陶瓷的制作工艺，其中的原材料黏土及图案釉上彩等，必然含有铅、镉、汞、镭、硫等元素。如果用了劣质的黏土，可能包含更多有害物质。生活中，

若忽视使用细节，可能造成慢性中毒，进而危害人体健康。如镉元素的积累会损害肾脏、骨骼等部位，最终导致人体免疫力下降、关节受损变形等。

选购常识：

对于陶瓷餐具，其中重金属元素铅、镉等主要附着于釉上彩，釉上彩瓷可通过目测、手摸等方式识别，对于画面不及釉面光亮，手感粗糙甚至边缘有凹凸感的要谨慎选购；另外，购买餐具尽量到大型商场、超市，少选色彩异常艳丽或内壁带有鲜艳图案的餐具，在最大程度上保证陶瓷餐具的品质。

使用注意：

（1）尽量不使用内里烧制大面积图案、色彩鲜艳的陶瓷餐具高温蒸煮食品。

（2）勿用陶瓷餐具盛过酸过咸的食品，或长时间存放食物。

（3）放置过久的陶瓷餐具，使用前用热水清洗。

（4）清洗后擦干或烘干放置。

（5）使用过程中图案明显变浅、脱色的陶瓷餐具应停止使用。

塑料餐具

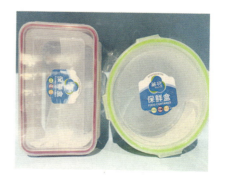

光滑圆润的塑料餐具，因物美价廉成为大众常用餐具之一，但安全问题同样不可忽视。某些塑料餐具同样有色彩艳丽、图案多样的图形附着于表面，所用材料中常含有铅、镉等金属元素。若含量超过一定的标准，便会对人体造成危害。通常，塑料制品的表面有一层保护膜，阻隔了有害物质与食物的直接接触。这层膜一旦被划破，有害物质就容易释放出来。

选购常识：

塑料餐具的主要成分是聚乙烯与聚丙烯，这两种物质耐高温，使用安全，因此应选购标注 PE（聚乙烯）与 PP（聚丙烯）字样的餐具；有些塑料是用一些废料制成，含有多种有害物质，当盛放高温食物时，塑料性质不稳定，再加上与调味料、油等物质发生复杂的化学反应，有害物质渗入食物，对人体健康造成极大危害。这样的餐具一般未明确标注成分，有刺鼻气味；同时，若是劣质材料制成的塑料餐盘，表层常常是不光滑的，所以塑料餐具的挑选标准是无异味、表面光滑、图案少、质地结实；并且要去正规商场购买。

使用注意：

（1）尽可能不用塑料制品盛装高温食品。

（2）塑料餐盘出现裂缝，要停止使用。

（3）塑料餐盘图案、花纹脱色后应慎用。

（4）做好一次性塑料餐具使用后的垃圾分类处理工作。

不锈钢餐具

目前不锈钢餐具进入广大家庭，不锈钢由铁铬合金及其他一些微量元素制成。具有金属性能好、抗锈蚀、结实耐用等优点，由于不锈钢餐具材料，掺入了微量元素，若使用不当，其中的有害金属元素被释放，会在人体中富集。超过一定限度，会威胁人体健康。

选购常识：

不锈钢的种类很多，家用品不锈钢常分为 430（13-0）、304（18-8）、316（18-10）三个等级。但通常可以直接用作食用餐具的不锈钢的材质为型号304通用型号，即18-8不锈钢，其不含铅，重金属不超标，属于国家食用标准级卫生型钢。且购买不锈钢餐具应去大型卖场，字样清晰的餐具往往品质更好，不易生锈。

使用注意：

（1）不锈钢餐具不宜盛放强酸、强碱的食物。

（2）不锈钢器皿熬制中药会使药效降低，在加热条件下，中药会与不锈钢器皿中的成分发生化学反应而使药物失效，甚至生成有毒物质。

（3）不使用强氧化性的清洁剂。

（4）及时更换变形或表面遭到破损的不锈钢餐具。

（5）不用钢丝球或砂纸等清洁不锈钢餐具。

仿瓷餐具

以树脂为原料的仿瓷餐具，因外观似瓷而得名，也称为密胺餐具。有着耐溶剂、耐碱性等特点，而且结实、清洁度好。又因其色泽鲜艳，受到儿童喜爱。但目前市场上劣质仿瓷餐具含有脲醛树脂，易水解为尿素和甲醛，对人体的危害性较大，且由于技术不达标，通常还会残留三聚氰胺。

选购常识：

应通过正规渠道购买仿瓷餐具。不购买有大面积图案，颜色鲜艳的仿瓷餐具。同时，注意餐具上的标记，餐具上标有"MF"和"QS"标志为合格餐具；只标有"UF"的，仅可用于非食品类或剥皮食品的盛放，尤其不能作婴幼儿餐具。

使用注意：

（1）不能用于高温蒸煮或微波炉加热。

（2）不适合装酸性、碱性、油性食物等。

（3）为了使少量有害物质尽可能溶出，在使用前，用沸水加醋煮2—3分钟，或用醋浸泡几小时。

竹木餐具

竹木餐具包括竹质和木质两大类。竹木餐具最大优点是绿色环保。小巧雅致的竹木餐具，不仅实用，而且还具有艺术价值，得到越来越多的青睐。但竹木餐具因其材料的特殊性，很容易发霉，易引起肠道疾病。部分竹木餐具刷过油漆，在加热、高温等条件下，会导致盛装食物与其中有害成分发生反应，对人体造成危害。

选购常识：

选购竹木餐具，应到正规商场。挑选无异味，表面无油漆的纯天然产品。

使用注意：

（1）在使用时应保持干燥，清洗后要把水沥干，置于通风阴凉处。不建议晒，容易开裂。

（2）竹木筷子容易残留杂质，滋生细菌，应定期更换。

实践作业

1. 寻找一种可以用于生产餐具的环保材料并加以论证，说明原因。

2. 假设你是一名政协代表，请撰写一份废旧餐具分类回收的建议提案。

无公害、绿色、有机蔬菜

蔬菜是补充人体营养必需的食物之一，在食品安全问题层出不穷的今天，每个人都关心怎样才能吃上放心的蔬菜。很多看似鲜美的蔬菜也许并没有想象中的安全，那么在日常生活中应该怎样选购蔬菜呢？许多人在买菜时故意挑选一些有虫洞的蔬菜，觉得这类蔬菜应该没打农药。你是以这样的方式来挑选蔬菜的吗？

课题聚焦

◎什么是无公害蔬菜？

◎什么是绿色蔬菜？

◎什么是有机蔬菜？

"谷以养生，菜以佐食。"人类要生存就必须要饮食，而蔬菜则是人人都离不开的食物之一。蔬菜含有人体所必需的维生素、矿物质，以及大量的膳食纤维，是人体不可缺少的重要营养素来源。人类最开始食用的菜是野菜，随着社会的进步开始了人工栽培。今时今日，蔬菜市场更加繁荣，种类更加丰富。根据不同的安全、营养等级，我们将蔬菜分为无公害蔬菜、绿色蔬菜和有机蔬菜三个等级，但这三个等级又不是完全独立的区分。

▶ 无公害蔬菜

无公害蔬菜是指有毒有害物质控制在国家标准限量范围之内的商品蔬

菜，它是集安全、优质、营养于一体的蔬菜总称。安全是无公害蔬菜的基本要求。蔬菜在种植过程中使用的化学农药会在蔬菜上残留，当人们食用含有高农药残留的蔬菜时则有害身体健康，甚至引起死亡。无公害蔬菜要求不含对人体有毒、有害的物质，或将其控制在安全标准以下。具体做到"三个不超标"：农药残留不超标、硝酸盐含量不超标、病原微生物含量不超标。因此，在蔬菜种植过程中，无公害蔬菜允许限量、限品种、限时间地使用安全的农药或化肥，使用后残留在蔬菜中的含量也必须控制在国家规定的范围内（表1）。国家认证机构将按照无公害蔬菜的安全标准对蔬菜进行检验认证，认证合格的蔬菜将获得认证证书，同时允许使用无公害农产品标志（图1）。

图1 无公害农产品标识

表1 无公害蔬菜部分残留物标准

项目指标	国家标准（mg/kg）	项目指标	国家标准（mg/kg）	项目指标	国家标准（mg/kg）
铬（以 Cr 计）	≤ 0.5	镉（以 Cd 计）	≤ 0.05	汞（以 Hg 计）	≤ 0.01
砷（以 As 计）	≤ 0.5	铅（以 Pb 计）	≤ 0.2	亚硝酸盐（$NaNO_2$）	≤ 4.0
硝酸盐	≤ 600~3000	氧化乐果	不可检出	克百威	不可检出
六六六（BHC）	≤ 0.2	滴滴涕（DDT）	≤ 0.1	乐果	≤ 1.0

　　无公害蔬菜的种植基地要求没有环境污染源，包括城市生活污水、垃圾、粉尘等，尤其需要防止工业的废水、废气、废液污染。蔬菜种植时应选用低毒、低残留、高效的农药，避免使用高毒、高残留农药，提倡使用生物防治、物理防治等不污染、无残留的病虫害防治措施，如酵素菌等活性菌有机肥作基肥或叶面肥。

绿色蔬菜

绿色蔬菜是指遵循可持续发展原则，具有良好的生态种植环境，按照规定的质量标准体系生产，最终经专门机构认定后被允许使用绿色食品标志的一类蔬菜总称。绿色蔬菜从种植环境、种植过程、生产加工、包装标识等各环节均有严格

图2 绿色食品标识

的规定，形成了特定的标准体系。例如，蔬菜种植地必须符合"绿色食品生态环境质量标准"；蔬菜种植及加工必须符合"绿色食品生产操作规程"；蔬菜必须符合"绿色食品卫生标准"；蔬菜销售外包装在符合"食品标签通用标准"的同时还必须符合绿色食品特定的包装及标签规定。

绿色食品分为两个等级：A级和AA级（标识见图2）。绿色蔬菜是绿色食品的一种，获得绿色食品标志的蔬菜也分为A级绿色蔬菜和AA级绿色蔬菜。A级绿色蔬菜在种植过程可以限量、限品种、限时间使用部分化学合成物质，包括化肥、农药以及生产调节剂，其标志为绿底白标，食用安全等级与无公害蔬菜相当；AA级绿色蔬菜则较为严格地要求在种植、生产、销售等过程中不得使用化学合成的物质，使用的标志为白底绿标，食用安全等级高于无公害蔬菜。

有机蔬菜

国际上将完全无污染的天然食品称为有机食品或生态食品，有机蔬菜（标识见图3）是有机食品中的一类，是目前食用安全级别最高的蔬菜。有机蔬菜从种植到销售具有非常严格的生产、质量控制和

图3 有机食品标识

管理体系，蔬菜种植过程遵循植物自然生长规律以及生态学原理，严格禁止使用人工合成物质，包括农药、化肥、生长调节剂、转基因生物及产物，仅仅允许使用作物秸秆、绿肥和畜禽粪便及其堆肥。与其他蔬菜相比，有机蔬菜在整个生产、加工和销售过程中更强调环境的安全性，突出人类、自然和社会的持续协调发展。

在口感方面，有机蔬菜比普通蔬菜更绵厚、香醇。在营养成分方面，有研究表明有机蔬菜中维生素 C、镁、铁和磷的含量与普通蔬菜相比达到显著差异，其中菠菜、莴苣、卷心菜和土豆中的矿质含量尤其高。因种植和生产有机蔬菜的过程需要更多地精耕细作，且产量低，无污染，品质又高，价格比普通蔬菜高出几倍甚至几十倍，称为"蔬菜中的 VIP"，成为目前人们走亲访友的佳品。

有机蔬菜认证是通过机构按照有机食品国家标准《GB/T 19630–2019》从蔬菜种子和种苗选择、蔬菜种植、土肥管理、病虫草害防治、污染控制、水土保持和生物多样性保护等多个方面进行鉴定；并对蔬菜在运输、储藏、包装等各销售环节进行严格规范，对鉴定合格的蔬菜颁发有机食品证书。

图 4 蔬菜金字塔

无公害、绿色、有机蔬菜的比较

无公害、绿色、有机蔬菜作为商品蔬菜，对消费者而言均是安全、优质的。但其种植基地的环境选择、种植过程中农药化肥的使用限制（见表 2）和蔬菜包装、运输、储藏等各销售环节均有异同，国家认证也越来越严格。

表 2 绿色、有机、无公害蔬菜在化学制剂使用上的异同

类别	化学农药	化肥	生长调节剂
无公害蔬菜	限条件使用	限条件使用	允许使用
绿色蔬菜	限条件使用	限条件使用	限条件使用
有机蔬菜	不得使用	不得使用	不得使用

实践作业

1. 请同学们以小组为单位总结有机蔬菜与无公害蔬菜相比的优缺点。

2. 以小组为单位到鲁能巴蜀中学"开心农场"参观并体验"有机蔬菜"的种植。

泡菜、剩菜中亚硝酸盐的检测

在我国西南地区几乎每个家庭都有做泡菜、吃泡菜的习惯，往往一点儿香脆可口的泡菜就能让人食欲大开。但泡菜要腌制到一定时间后才能食用，且不能一次性吃得过多，你知道这是为什么吗？不管是外出就餐还是在家吃饭，都难免会出现剩菜剩饭，你会将剩饭剩菜存放起来下顿食用还是全部倒掉呢？

课题聚焦

◎亚硝酸的基本化学性质是什么？

◎如何测定亚硝酸盐的含量？

◎如何安全食用剩菜、剩饭？

 亚硝酸盐

亚硝酸盐在自然界中分布极为广泛，在泡菜的腌制过程中以及剩饭剩菜的存放过程中，容易造成细菌繁殖，进而导致亚硝酸盐含量增加。

一些常见食品中的亚硝酸盐含量如表 1 所示：

表 1 常见食品中的亚硝酸盐含量（单位：mg/kg）

菜名	含量
蔬菜	4
咸菜	7
豆粉	10

固态下的亚硝酸盐为白色粉末，易溶于水，是食品添加剂常见的一种。人体摄入的亚硝酸盐经过消化吸收后，大多数会随尿液排出体外，但是当人体摄入量超过0.5克时会引起中毒，超过3克时可导致死亡。另外，在特定条件下亚硝酸盐可能转变成亚硝胺，而亚硝胺具有致癌作用。因此食品中亚硝酸盐含量不能超国家卫生标准的相关规定（表2）。

表2 亚硝酸盐在某些食物中含量的国家标准（单位：mg/kg）

食品名称	标准
肉制品	≤ 30
酱腌菜	≤ 20
婴儿奶粉	≤ 2

亚硝酸盐含量的测定

1. 测定亚硝酸盐含量的原理

亚硝酸盐与对氨基苯磺酸在盐酸酸化的条件下发生重氮化反应，其产物再与 N-1- 萘基乙二胺盐酸盐结合生成玫瑰红色染料。

按照比色的方法，将预先配制的标准显色液与样品显色结果进行比较，即可估算样品中的亚硝酸盐含量。

2. 测定亚硝酸盐含量的操作

（1）实验准备：按下表配制相关溶液

溶液名称	配制方法
对氨基苯磺酸溶液（4mg/mL）	0.4g 对氨基苯磺酸溶解于 100mL 质量分数为 20% 的盐酸中，避光保存
N-1- 萘基乙二胺盐酸盐溶液（2mg/mL）	0.2g N-1- 奈基乙二胺盐酸盐溶解于 100mL 水中，避光保存

续表

溶液名称	配制方法
亚硝酸钠溶液（5μg/mL）	0.10g 亚硝酸钠，用水溶解并定容至 500mL，再转移 5mL 溶液至 200mL 容量瓶中，定容于 200mL
提取剂	50g 氯化镉与 50g 氯化钡，溶解于 1000mL 蒸馏水中，用浓盐酸调节 pH 值至 1
氢氧化钠溶液（2.5mol/L）	称取 30g 氢氧化钠固体，蒸馏水定容至 300mL
氢氧化铝乳液	10g 氢氧化铝固体，加蒸馏水 100mL 配成乳液

（2）实验步骤：按下表步骤进行实验操作

步骤	操作
①制备标准显色液	取 6 支 50mL 比色管，依次编号为 1、2、3、4、5、6。分别向 1—5 号比色管中加入 0.20mL、0.40mL、0.60mL、0.80mL 和 1.00mL 亚硝酸钠溶液，再向 6 支比色管中加入 2.0mL 对氨基苯磺酸溶液，混匀，静置 3—5 分钟。依次向 6 支比色管中再加入 1.0mL 的盐酸萘基乙二胺溶液，然后加蒸馏水定容至 50mL，混匀，观察溶液颜色的梯度变化
②制备样品处理液	用榨汁机将 0.4kg 泡菜粉碎过滤，得到约 200mL 滤液。取 100mL 滤液转移到 500mL 容量瓶中，再加入 200mL 蒸馏水和 100mL 提取剂，振荡提取 1 小时。加入 40mL NaOH 溶液，用蒸馏水定容至 500mL，过滤得到滤液，得到无色透明滤液
③比色	亚硝酸盐含量计算方法： $$\frac{样品中亚硝酸盐含量（mg）}{取样量（40mL 滤液的质量，kg）}$$ 吸取 40mL 透明滤液，转移到 50mL 比色管中，按步骤②的方法进行处理，并观察样品颜色的变化，与标准显色液比较，找出与样品处理液最相近的颜色，记录对应的亚硝酸钠含量，按照公式进行计算，并将结果记录在以下表格中

编号	样品名称	m_1（kg）取样量	m_2（mg）样品中亚硝酸盐含量	x（mg/kg）亚硝酸盐含量

安全食用剩菜剩饭

蔬菜隔夜放置比较容易产生有害物质。硝酸盐一般在蔬菜中含量较高，由于细菌等微生物的作用，硝酸盐在蔬菜存放过程中有可能形成亚硝酸盐，从而危害人体健康。因此，蔬菜在冰箱中保存不应超过 24 小时，如果是凉拌菜就需要更加小心。不过，只要食物保存方法科学，并且在二次烹饪中处理得当，那么隔夜菜也是可以放心食用的。

1. 提前分装

如果做出的菜品一次吃不完，在起锅时应将菜品分装在多个盘子中，不食用的那份放凉后直接放到冰箱中保存，这样"剩菜"中所含有的细菌"基数"就比较低，即使是放到第二天也可放心食用。

2. 彻底加热

第二天食用剩菜前应对其进行彻底加热。最好是将剩菜放入锅中，煮沸，并且保持 3 分钟以上，这样就能杀死大部分细菌。

3. 肉类加热

如果剩下的是肉类食物，而肉块又比较大时，再次食用前，要对其进行再一次的长时间蒸煮，或者将较大的肉块切成小块后再重新烹调。

剩菜剩饭千万不能进行反复多次加热，重复加热前应计算好食用量，尽量做到吃多少就取多少进行加热，剩余的继续留在冰箱中暂时保存，对于一些可长时间存放的熟食还可分装到保鲜盒中放入冷冻室进行较长时间的存放。

实践作业

1. 尝试在老师和家长的指导下制作一次泡菜，每隔两天测定一次泡菜中亚硝酸盐的含量，绘制亚硝酸盐含量的变化趋势图，分析在泡菜的腌制过程中，什么时候食用最好？为什么？

2. 反复煮沸的水我们称为"千沸水"，公众普遍认为"千沸水"将导致亚硝酸盐含量升高，影响身体健康，通过实验说说你的看法。

初识有毒蕈菌

日常生活中常常提到的毒蘑菇，又被称作毒蕈，是一类对人或者动物摄食后产生中毒反应的大型真菌。在我国，毒蘑菇种类较多，有 400 多种。由于野生蘑菇营养价值高，而毒蘑菇分布广泛且容易采集等原因，误食毒蘑菇中毒的事件时有发生，那我们该如何避免呢？

课题聚焦

◎有毒蕈菌导致的中毒类型有哪些？

◎举例介绍有毒蕈菌有哪些特征？

◎怎样鉴别含鹅膏毒肽的毒蘑菇？

食用菌品种丰富、味道鲜美，除了人工栽培的菌类供应市场外，每到蘑菇生长适宜的季节，市场上就会出现人们喜食的野生食用菌，例如入夏采的羊肚菌，秋后采的松乳菇等。由于野生食用菌具有美味、稀少、难以采摘、无污染等特性，价格普遍比人工栽培的食用菌要高。野生菌中有许多是有毒的菌类，同一个科的菌类，外部形态相似，有的有毒，有的却可以食用，如果误食有毒蕈菌，会引起头痛、恶心、呕吐、腹泻、昏迷、幻视、精神失常等症状，甚至死亡。

有毒蕈菌中毒症状的类型

1. 胃肠炎型

能引起胃肠炎型中毒的毒蘑菇种类很多，其中在我国调查发现的主要有大青褶伞、肥脚白鬼伞、拟乳头状青褶伞、黄粉末牛肝菌、日本红菇等。这些毒蕈含有胃肠道刺激物，误食后引起恶心、呕吐、无力、腹泻等。

2. 神经精神型

引起这类中毒的物质主要有毒蕈碱、鹿花菌素、异恶唑衍生物、裸盖菇素等，能导致神经精神型中毒的菌菇有棉毛丝盖伞、环带杯伞、毒蝇鹅膏、豹斑鹅膏、粗柄鹿花菌等。误食后往往会导致视力模糊，产生幻觉、晕眩、精神兴奋、癫痫、错乱或抑制等神经性中毒症状。

3. 急性肝损害型

引起急性肝损害型的毒蕈主要是含鹅膏肽类毒素的鹅膏菌属、盔孢伞属、环柄菇属等。其中，导致人类中毒死亡的，绝大多数是鹅膏菌属的部分种类。误食含鹅膏毒素毒蘑菇引起的中毒症状主要表现出四个阶段：

（1）潜伏期（6—12 小时），误食鹅膏菌后，一般发病较慢，具有潜伏期这一特点对于中毒诊断具有很高的价值，因为大多数其他有毒蘑菇食用后 2 小时以内就表现出症状。

（2）急性胃肠炎期（6—48 小时），潜伏期过后出现恶心、呕吐、剧烈腹痛、"霍乱型"腹泻等肠胃症状。

（3）假愈期（48—72 小时），急性胃肠炎期过后，症状消失，近似康复，1—2 天内无明显易见症状，容易给临床医生和患者造成一个康复的假象。在这个阶段尽管临床症状得到改善，但肝功能酶谷草转氨酶 AST、谷丙转氨酶 ALT 和胆红素开始上升，肾功能也开始恶化。

（4）内脏损害期（72—96小时），假愈期过后，病情迅速恶化，出现肝功能异常和黄疸，肝肿大，转氨酶急剧上升，随着这些酶活性的急剧增加，肝肾功能恶化，凝血功能被严重扰乱，引起内出血，最后导致肝、肾、心、脑、肺等器官功能衰竭，5—16天病人死亡。

4. 溶血型

引起溶血型中毒的毒蕈种类主要是卷边桩菇，其中毒机制普遍被认为是通过自身免疫性溶血导致。人类误食后，卷边桩菇中的一种抗原触发了免疫系统，产生免疫球蛋白G抗体，抗原抗体复合物形成后攻击红细胞，进而导致红细胞凝聚和溶血，溶血会导致包括急性肾衰竭、休克、急性呼吸衰竭等并发症。

5. 光过敏性皮炎型

在我国，引起这类中毒的毒蕈主要有两种：一种为污胶鼓菌，另一种是叶状耳盘菌。其毒素类似于光过敏物质卟啉毒素类，当毒素经消化吸收后，人体细胞对日光敏感性增加，导致凡是接触日光照射的部位均出现"日晒伤"样皮炎，同时伴有针刺样疼痛。

6. 急性肾衰竭型

引起此类中毒的毒蘑菇主要有两类：一类是含有奥来毒素的丝膜菌属的某些种类，例如毒丝膜菌、细鳞丝膜菌等；另外一类是含有2-氨基-4,5-己二烯酸的鹅膏菌属中的某些种类。例如，在东亚发现的赤脚鹅膏、拟卵盖鹅膏、欧式鹅膏等。误食以上两类毒蘑菇，都存在一定的潜伏期，先出现多尿症状，有的还会出现血尿、蛋白尿、白细胞尿，随后发展为肾衰竭。

7. 横纹肌溶解型

在我国常见的横纹肌溶解型中毒主要是由亚稀褶红菇引起的，亚稀褶红菇中含有一种叫作环丙-2-烯羧酸的毒素，该物质能引起人类的横纹肌溶解。误食后会出现全身乏力、肌肉痉挛性疼痛、肢体乏力、呼吸急促困难等症状，严重者最后导致多器官功能衰竭死亡。

有毒蕈菌的鉴别

菌菇种类繁多，形态特征也是千差万别，非专业人士无法从外观、形态、颜色等方面区分有毒蕈菌和食用菌。目前，没有一个简单的标准能够将二者区分开来。因此，对于一般人士，除熟悉的野生食用菌可以采食外，对于其他的陌生种类建议不要采食。

虽然有毒蕈菌和食用菌难以在形态特征上辨别，但是，维兰德（Wieland）等研究人员报道了一个简便的检测鹅膏毒肽的显色反应。该方法通过将一片新鲜的菌菇汁液滴在一张滤纸上，待印记干燥后，在印记上滴一滴浓盐酸，如果含有鹅膏毒肽，则5—10分钟后产生蓝绿色反应。由于该方法操作简便，因此比较适合在野外采集时对毒蘑菇进行初步鉴别。

误食有毒蕈菌的急救措施

如果误食毒蕈，应该尽快前往医院进行治疗，如果来不及就医，则立即采取简单易行的方法进行催吐、导泻，尽快排出体内还未被吸收的残菌，进而减缓有毒物质的吸收，达到减轻中毒的目的。同时，为了便于医生救治，应保留所误食的野生菌作为检测样品。

常见有毒蕈菌的实例

1. 赤脚鹅膏

赤脚鹅膏（图1），有毒，分布于中国华东、华中、华南和西南地区。菌盖较大，直径5.5~11厘米，白色、米色至淡褐色，附有淡黄色、淡褐色的碎屑状鳞片，边缘常有絮状物。菌肉白色，受伤后缓慢变为淡褐色，且有硫黄气味或稍辣。误食后具有8—12小时的潜伏期，一段时间后，会进一步引发急性肾衰竭型中毒症状，肾功能损害严重，应立即就医。

图1 赤脚鹅膏

2. 灰花纹鹅膏

灰花纹鹅膏（图2），剧毒。因为含鹅膏肽类毒素，所以误食后会引发急性肝损伤型中毒。在我国南方地区，灰花纹鹅膏是主要的导致人们中毒死亡的种类。其菌盖直径5~9厘米，深灰色、暗褐色至近黑色，具深色纤丝状隐花纹或斑纹，边缘平滑无沟纹。菌柄长5~15厘米，白色至浅灰色，

图2 灰花纹鹅膏　　　　图3 草鸡枞鹅膏

常伴有浅褐色鳞片，基部近球形。菌环顶生，灰色。菌托浅杯状，白色。由于其形态特征与味鲜甜嫩的草鸡枞鹅膏（图3）较为相似，所以常被误食。

3. 毒沟褶菌

毒沟褶菌（图4），表面看似无毒无害，却暗含剧毒。据调查，2006年8月，"云南不明原因猝死事件"发生了100多起，造成300多人死亡。研究发现，从众多中毒死者的心脏血液中检测出毒沟褶菌中所含有的非蛋白氨基酸毒性成分，证明了该菌是30多年来导致"云南不明原因猝死事件"的原因之一。

图 4 毒沟褶菌

4. 叶状耳盘菌

叶状耳盘菌（图5），有毒。其形态、色泽、生态习性及发生季节与木耳极为相似，因此，常被误以为黑木耳所食用，其实稍加注意，也是可以进行区分的。例如，叶状耳盘菌在热水或碱性溶液中有大量褐色色素析出，木耳则无此种现象。此菌引起的中毒现象属于光过敏性

图 5 叶状耳盘菌

皮炎型中毒，误食之后，最快3小时发病，一般在1—2天发病，使人体细胞对日光敏感性增加，被日光照射的部位会出现"日晒伤"样皮炎，常表现为红、热、痒、痛，且过程中伴随有恶心、呕吐、乏力、呼吸急促等症状。

5. 亚稀褶红菇

亚稀褶红菇（图6），剧毒，属于红菇属，与红菇属中其他可以食用的种类，如烯褶红菇、密褶红菇极为相似，导致很难在外观形态上进行区

图 6　亚稀褶红菇

分。所以，在我国南方地区，由亚稀褶红菇引起的中毒事件频频发生。亚稀褶红菇中含有环丙 –2– 烯羧酸，该物质能引起横纹肌溶解，所以亚稀褶红菇引起的中毒类型是横纹肌溶解型。

　　总而言之，在野外，只能通过形态特征或简易测试初步鉴别毒蕈，几乎没有明确的方法可以快速、准确地判断蘑菇是否有毒，所以，野外采摘野生菌时，应只采摘自己非常熟悉的、能够识别的菌类，对于不确定的菌类品种，切勿去尝试。

实践作业

1. 观察图 2 与图 3，描述灰花纹鹅膏与草鸡枞鹅膏的区别。

2. 将我国常见的几种有毒蕈菌的形态特征与家人进行分享，推广有毒蕈菌的一般常识。

拒绝食用野生动物

在物质文明高度发达的今天，吃肉对大多数人来说，已经不再是什么难事。但是有的人却追捧食用野生动物，认为野生动物比人工饲养的动物生长环境更"天然"，无污染，所以味道更鲜美，营养更丰富，对人体更有好处。但是事实真是如此吗？请你查阅相关案例，说说你的想法。

课题聚焦
◎为什么人工饲养动物比野生动物更适合食用？
◎食用野生动物会给公共安全和人类的身体健康带来什么风险？
◎食用野生动物对生态环境造成什么风险？

野生动物（Wildlife）在国际上的定义是：所有非经人工饲养而生活于自然环境下的各种动物。野生动物有广义和狭义之分。广义泛指兽类、鸟类、爬行类、两栖类、鱼类以及软体动物和昆虫类。狭义指除了鱼类和无脊椎动物以外的上述各类动物，即包括兽类、鸟类、爬行类和两栖类。

食用野生动物对人体的安全风险

在长期的历史文化中，有些人对野生动物形成了十分独特的偏好，认为野生的比人工饲养的要更好一些，这就造成了大量的野生动物遭到偷猎。但是事实证明，野生动物并不比人工饲养的动物更加美味营养。拿鸡蛋来说，野鸡蛋营养价值并不比集中养殖生产出的普通鸡蛋高。很多野生动物由于常年在丛林晃荡，导致肉质太过紧实，也根本不好吃。相对于人工饲养动物来说，野生动物的生存环境比较复杂，身上携带或体内潜伏的细菌和病毒较多，卫生检疫部门又难以进行有效监控和检疫。在对野生动物的猎捕、运输、饲养、宰杀、贮存、加工和食用过程中，许多疾病的病原体容易扩散、传播，从而引发各类传染病，而病毒的可变异性和顽强的适应能力使之传染性更强。

有研究表明，世界多地出现的超过 70% 的新发传染病来源于动物。世界各地出现的埃博拉病毒、SARS 病毒、中东呼吸综合征等都与野生动物密切相关。一些野生动物宿主体内含有多种病毒，仅蝙蝠身上就携带有超过 100 种病毒。科学研究表明，许多动物携带的病毒寄生在动物的肌肉、血液、内脏里，煎、炒、烹、炸、煮也无法将它们杀死。因此，从食品安全角度来说，食用野味的行为会给人类的身体带来巨大的健康安全隐患。

一些食用常见野生动物所存在的安全隐患如下：

蝙蝠

身上能携带超过 100 种病毒，是真正的高致病性病毒"蓄水池"

SARS 病毒　　埃博拉病毒

马尔堡病毒　　尼帕病毒

亨德拉病毒　　MERS 冠状病毒

这些都是最早在蝙蝠体内发现的。一些蝙蝠让很多野生动物成为病毒的中间宿主

野生蛇

携带多种体内寄生虫，包括舌形虫、曼氏迭宫绦虫、隐孢子虫、颚口线虫、广州管圆线虫、线中殖孔绦虫等，且均为人畜共患型寄生虫，感染可致腹膜炎、败血症、心包炎、虹膜炎等，损害多个脏器，危及性命

蝈虫

可能携带可传染人类的病毒

裂头蚴虫：严重损伤眼睛、皮下组织、大脑、内脏等

绦虫：致肠道感染，幼虫可入侵眼脑肝等器官

野兔

携带众多体内寄生虫，包括弓形虫、脑炎原虫、肝毛细线虫、肝片吸虫、日本血吸虫、囊尾蚴、连续多头蚴等，可损伤肠道肝脏等身体器官

体外携带多种蜱虫种类，可传播回归热、Q 热和出血热

果子狸

易成为 SARS 病毒等多种病毒传播的中间宿主

携带多种体内寄生虫，包括旋毛虫、斯氏狸殖吸虫等，可损伤肺部及中枢神经

携带狂犬病病毒

穿山甲

多种蜱虫种类，可传播回归热、Q 热和出血热

携带多种体内寄生虫，包括弓形虫、肺吸虫、绦虫、旋毛虫等，可损伤肠胃并引发心肌炎、肺炎、肝炎等并发症

肉及甲片并无滋补和药用价值

刺猬

携带众多体内寄生虫，包括裂头蚴、芽囊原虫等，可严重损伤眼睛、皮下组织、大脑、肠道等器官

体外携带多种蜱虫种类，可传播回归热、Q 热和出血热

野猪

体外携带多种蜱虫种类，可传播回归热、Q 热和出血热。

携带众多体内寄生虫、包括蛔虫、线虫、人体旋毛虫、细颈囊尾蚴等，可损伤肠胃大脑等多个脏器

野生土拨鼠

体内含有鼠疫杆菌，鼠疫的罪魁祸首

携带多种体内寄生虫，蛲虫、微丝蚴、弓形虫、棘球蚴等，可损伤肠道、肝脏、大脑的等多个器官

浣熊

是狂犬病病毒的自然宿主

携带众多体内寄生虫，包括蛔虫、钩虫、浣熊贝蛔虫等，可造成肠胃等脏器严重损伤

在面对我们日常的生鲜食品时，世界卫生组织建议，要注意以下几点：

（1）每天至少对工作区域和设备进行一次严格的消毒灭菌。

（2）在处理动物或动物生鲜产品时，应穿好防护服、戴好手套，并做面部防护。下班后，脱去防护服，每天清洗并将其留在工作区域，避免家庭成员接触未清洗的防护服和鞋。

（3）接触动物和动物产品后，用肥皂和清水洗手，避免接触眼鼻口，避免与生病的动物和变质的肉接触，避免与市场里的流浪动物、垃圾废水等接触。

没有食用，就没有交易；没有交易，就没有杀戮。为了公共安全和自身健康，请拒绝食用野生动物食品，远离非法野生动物市场，拒绝买卖野生动物制品。保护野生动物，就是保护人类自己。

食用野生动物对生态环境的风险

在自然界中，任何一种野生动物都是生态系统中不可或缺的一部分，是食物链和食物网中的重要一环。很多动物已经在当地生存了很长时间，作为当地原生物种，和当地的其他生物形成了稳定和谐的关系，在生态系统中发挥着不可替代的作用。如果强行干涉将会引起连锁反应，带来一系列问题。

比如，穿山甲是一种在地球上已经存在了 4000 多万年的古老物种，它以白蚁和蚂蚁为食，食量较大，一只体重 3 千克的穿山甲一次性可以吃掉白蚁 300~400 克。可以有效地控制当地蚁类数量，保护植被，维持当地生态平衡。它善于打洞，打洞的目的其实是为了寻找食物，但部分人认为它善于打洞也就善于"打通"，迷信穿山甲的鳞片具有"通乳"等功能，再加上一些人热衷于食用野生动物，穿山甲因此遭到大肆捕杀。近年来盗猎现象尤为猖獗，这造成我国境内的中华穿山甲数量在近几十年里锐减，这种曾经广泛分布于我国长江以南 17 个省市的动物如今在野外已经很少看到踪迹。在 2020 年，穿山甲从国家二级保护动物被提升为国家一级保护动物。穿山甲的减少势必引起当地白蚁群落的增加，而我们知道，在一个健全的生态系统中，任何一种生物的数量和所占比例都应该是维持在一种动态平衡状态的，如果缺少了穿山甲的制约，白蚁种群的数量可能大大增加。当一个生态系统中既有白蚁也有穿山甲时，白蚁数量稳定，它是帮助森林朽木快速回归土壤的功臣，但一旦穿山甲灭绝，白蚁数量爆发，一些健康的树木可能被蛀蚀，一些木结构的建筑也会遭殃，这将可能引发一系列的生态问题和环境问题。

除了食用本地野生动物给当地生态环境带来灾难以外，人们也曾经因为贪嘴，将产自其他地区的野生动物带回本地，从而引发巨大灾难。比如巴西龟和福寿螺，巴西龟原产于美洲，在 20 世纪 90 年代被作为食物和宠物引进我国，有部分龟逐渐流落野外。结果这种龟因为在我国缺乏天敌、食性广泛、繁殖力强而迅速成为一种严重危害本土生态环境的入侵物种，在我国各地泛滥成灾，它抢占本土龟类的生存空间，危害各种水生植物和小鱼小虾，给我国造成极大生态危害，带来巨大经济损失。

与巴西龟类似的例子还有福寿螺，它原产于南美亚马孙河流域。在1981年作为食用螺引入我国，但其口味并不被我国人民所喜爱，所以很快就有养殖户弃养，它开始流入野外。因其强大的适应性和繁殖力，迅速成为危害巨大的入侵物种。福寿螺不但抢占本土螺类的生存空间，大量食用水生植物和小鱼小虾，导致本土物种的减少和消失，更重要的是，它是线虫等寄生虫的中间寄主，还是多种病菌的携带者，研究人员甚至发现，在它爬过的地方所留下的黏液中都含有多种病菌，所以它也是多种疾病的疯狂传播者。迄今为止，它已在多地引发环境灾害和健康问题。而这一切的起因，就是人们不负责任地将它端上餐桌。所以，对任何野生物种的可食用性，我们都需要进行更谨慎的研究和判断，为了保护当地生态系统，也为了人类自身，最好的办法就是不食用一切野生动物。

总而言之，从食物链的角度来看，每一种物种都跟其生存环境里的其他生物组成吃与被吃的关系，它们彼此制约形成一种稳定的生态平衡，人类如果过分干预就可能打破这种平衡。比如，如果人类在一定范围内大量捕猎青蛙来食用，那么就很可能引起当地农业害虫的肆虐，给农业生产带来巨大损失。另外，从生物多样性的角度来看，每一种物种的灭绝都可能引发其他多种物种的相继减少甚至灭绝，而这些生物在生态系统中到底发挥着多大的作用，未来可能为地球和人类带来什么帮助，我们现在还知之甚少，所以，对所有非人工饲养的野生动物，我们都应该保持足够的距离和尊重。

实践作业 请你走访附近的市场和饭店，了解是否有野生动物的贩卖现象。

饮食营养

　　人们通过饮食获得所需要的各种营养元素和能量，用以维持自身健康。科学合理的饮食，协调充足的营养，既能够提高人们的健康水平，又能预防各类疾病的发生，提高人口身体素质。

　　科学的饮食需要遵循以下原则：食物中热能和各类营养素供给充足，种类齐全，并且比例要适当，同时饮食中提供的营养素与个人的需要两者也务必保持平衡。合理的饮食结构，既能满足机体的生理需求，又可以避免饮食结构比例失调和部分营养素过量或缺乏而引起机体代谢上的紊乱。

高中生正处于生长发育的中后期，加上繁重的课业负担和紧张的学习，是一生中各种营养需求量较大的时期。本专题旨在通过展开直接或间接体验的学习活动，帮助你认识生活中常见食物所含有的营养成分，了解人类维持身体健康需要合理摄取的营养成分的比例，并根据科学原理，在营养健康方面给你相应的建议。

主食的营养与烹饪

　　米饭是重庆人的主食，而提到早餐，我们又会情不自禁地联想到面食。一碗热腾腾的米粥在清晨温暖我们的心，而早上的那一碗重庆小面更是扬名全国的独特美味。这些食物都是怎么一步一步地从原料烹饪而来的呢？在烹饪的过程中又有哪些科学与技巧呢？

课题聚焦

◎制作粥的食材和方法？

◎制作重庆小面的材料？

◎如何制作一碗美味的小面？

 粥

1. 粥的食材

　　在重庆，大米是煮粥最常见的食材。民间传着一句话——粳米煮粥最养人。实际上，我们常常提到的大米，也分为粳米、籼米等种类。粳米呈半透明卵圆形或椭圆形，出米率高。相对于籼米而言，粳米的膨胀性更小，黏性更大，因此以粳米为食材烹煮出来的粥

更加黏稠多油，柔软可口，广受食客的喜爱。除此之外，在中医学上，粳米更有健脾胃、补中气、养阴生津、除烦止渴、固肠止泻等功能，正因如

此，在生病时家人端来的一碗热腾腾的粥，才会既暖人心，又补身体。

除开粳米之外，红枣、枸杞、花生等也是煮粥的常用食材。腊八节时著名的"腊八粥"，其传统食材就包括了大米、小米、玉米、薏米、红枣、莲子、桂圆和各种豆类等。这些食材不仅富含糖类，还含有其他多种营养成分，例如：红枣能够补气血，豆类中含大豆低聚糖，花生中含丰富的不饱和脂肪酸，莲子具有清热祛火的功效等。除开植物，肉类食材也能出现在粥中，为本来清淡的白粥添加了别样的滋味。近年来，皮蛋瘦肉粥、番茄牛肉粥等"咸粥"深受广大消费者的喜爱，也让粥的爱好者们出现了"甜咸党"的区分。

2. 粥的烹饪原理

好的食材是美味的基础，但仅有好的食材却没有适当的烹饪方法，终究还是没办法做出可口的好粥。一碗合格的粥需要"水米柔腻为一"，可以看出粥的稠滑细腻是评判粥质量的重要标准。为什么单纯的水煮米能够熬出具有高稠度的粥呢？其中蕴含了许多的科学道理，该过程在化学上被称为糊化反应。糊化反应是指将淀粉混合于水中并加热，达到一定温度后使得淀粉粒溶胀、分裂，最终形成黏稠均匀的透明糊溶液。在该过程中，高温破坏了淀粉之间的氢键，而水分子拆散了淀粉之间原有的缔合状态，使得淀粉分子失去了原本有序的取向排列，使得其晶体结构消失，体积膨大，黏度急剧上升，最后就变成了我们所见的粥状。糊化后的淀粉在黏度、韧性等方面都更适口，且更容易被人体的淀粉酶所水解。这就是为什么我们需要"生米煮成熟饭"的原因了。

3. 粥的制作方法（以皮蛋瘦肉粥为例）

（1）准备材料

皮蛋 2 个、盐 10g、鸡精 20g、姜丝 20g、大米 100g、瘦肉 50g。

（2）烹饪步骤

第一步，淘洗大米并进行浸泡，同时将瘦肉、皮蛋切成小丁，并将瘦肉进行焯水备用；

第二步，在锅里加入适当的清水并大火加热，水开后将大米倒入锅中，水再次烧开之后转为中火；

第三步，中火熬制 10 分钟后加入瘦肉和皮蛋，并用勺子搅拌均匀后煮 2 分钟左右；

第四步，根据自己的口味喜好加入姜丝、盐、鸡精等调味，搅拌均匀后出锅；

就这样，一碗热腾腾，香喷喷的皮蛋瘦肉粥就出炉啦。

煮粥小技巧：

根据淀粉糊化的原理，除了以上的制作方法以外，我们再介绍煮粥时的一些小技巧。

第一点，在煮粥前先将米粒在冷水中浸泡一个小时，在民间俗称"将米粒泡开"，实际上这个过程正是糊化反应的第一阶段——可逆吸水阶段，在这一阶段中，淀粉颗粒能够可逆性地吸收少量的水分，使其轻微地膨胀。这样的过程能够使得水分在加热前就充分地进入淀粉粒中，不仅能够减少烹煮的时间，还能够使烹饪出的粥口感更加细腻。

第二点，先用开水煮粥，再用中火熬制。开水的高温能够让淀粉颗粒急剧膨胀，淀粉中的氢键快速断裂，从而变为一个疏松的状态。在淀粉变为疏松状态之后，淀粉继续吸水膨胀并破裂，淀粉分子溶出颗粒体外，此时转用小火熬制，原本分散开来的淀粉颗粒在适宜的温度下相互联结、缠绕，形成网状的含水胶体，完全糊化。这样，一碗黏稠适宜，口感细腻的美味米粥就出炉了。

重庆小面

1. 重庆小面的多种材料

（1）小面：

重庆小面的"小"并非指大小，而是指制作相对简单的"素"面。淡黄色的碱水面是重庆小面的主角，碱水面又分为"水面"和"干面"，前者含有大量的水分，又被称为"水叶子"，而后者则经过晾晒脱水，更便于保存。重庆小面多用水面制作。其中，宽似韭菜叶的，被形象地称为"韭叶面"，而细如铁丝的则被称为"细面"。

（2）佐料：

吃重庆小面，入口的是面条，不过吃的却是调料。一碗正宗的重庆小面佐料通常包括：油辣子、花椒、芝麻酱、鸡精、味精、酱油、榨菜粒、姜蒜水、葱花、猪油等。其中，油辣子是重庆小面的灵魂所在，也是它香飘十里、色泽诱人的秘诀。上好的油辣子选用贵州大红袍、四川二荆条、湖南朝天椒等多种辣椒按比例混合后炒干并捣碎。再淋上经桂皮、洋葱、大葱、小茴香、芝麻、八角、山柰、甘草、香果等十余味香料熬制成的热菜油。这样制成的油辣子，不仅色泽鲜艳而且香而不辣。

（3）配料：

重庆小面的鲜香除了来自佐料外，高汤

也是不可或缺的一部分。选用新鲜的猪筒骨或猪扇骨，放入生姜和少许白醋，经小火熬制1—2个小时后，放入少许胡椒粉调味，味道浓郁鲜美。此外，绿叶菜也是小面必不可少的"搭档"，但这个"搭档"没有固定选择，通常会选取当季的时令蔬菜，如：空心菜、小白菜、莜麦菜等。绿叶菜不仅为小面增添了色泽和营养，裹上佐料的菜叶更是香辣诱人。

2. 重庆小面的不同风味

（1）口味差异：

重庆人对小面的口味也并不完全相同，因此也延伸出了许多吃小面的行话。"干溜"意为面内不加高汤；"少汤"则指少放高汤；"提黄"意为面条要硬，水涨便起锅；"多青"则指多加蔬菜；"重辣"意为多放油辣子等。

（2）加料差异：

素面以外，重庆人也喜爱在一碗小面内加入各种浇头、煎蛋或卤蛋等食材，以丰富营养，增添滋味。杂酱、豌杂、牛肉、肥肠等是最为常见的浇头，此外，鸡杂、番茄鸡蛋等，也受部分重庆人的追捧。加入浇头的小面，既有小面的风味，又有各色浇头的特点，实在美哉！

在重庆，家家户户都有吃面的习惯，大家都乐于用一碗小面开启全新的一天。

3. 重庆小面的制作方法

（1）准备材料：

碱水面 100g、姜蒜水 10g、芝麻酱 10g、油辣子 25g、花椒面 3g、榨菜粒 10g、味精 6g、鸡精 6g、酱油 15g、食盐 6g、小葱 1 根、熟菜油 20g、高汤 100g、蔬菜少许。

（2）烹饪步骤：

第一步：依个人口味将上述佐料置于碗中，并将绿叶菜洗净后备用。

第二步：将高汤加热至煮沸，缓缓倒入佐料中（依个人口味添加），同时用筷子搅拌，将佐料混匀。

第三步：在锅中放入冷水 2L，旺火烧至水沸腾后，加入洗净的绿叶菜，直至水再次沸腾后捞起放入碗中。

第四步：放入面条，同时迅速用筷子搅散，避免面条粘连或沉底糊锅，煮 2—3 分钟，至面条色泽均一后便可捞起。

就这样，一碗麻辣鲜香，爽口解馋的重庆小面就大功告成了。

沥米饭

大米是南方人的主食。在没有电饭锅的时代，人们常采用先煮后蒸的方式烹饪大米，称为沥米饭，又因为制作过程中需要用甑子蒸制，因此又被称为甑子饭。经过了沥水和蒸制的沥米饭因其独特的香味和粒粒分明的口感，深受大众的喜爱。

不少医生建议糖尿病人食用沥米饭，这是为什么呢？大米作为水稻的种子，富含丰富的淀粉，淀粉在消化道中水解，被人体吸收后将使血糖升高，而沥米饭的做法可减少大米中的糖分。淀粉按其形态，可分为直链淀粉和支链淀粉，这些淀粉分子在米粒内以晶体的形式存在，常温下不溶于水。但在高温烹煮的过程中，淀粉晶体会吸水膨胀，使其中的淀粉分子脱离米粒，融入水中。若在此时用清水冲走脱离米粒的淀粉，可以最大限度地减少米饭中的淀粉含量，达到降低米饭中糖类的目的。但值得注意的是，在沥水的过程中，不仅带走了米粒中的糖类，同时还损失大量的 B 族维生素等水溶性维生素。所以建议长期食用沥米饭的人群，额外补充 B 族维生素，以达到膳食平衡。

沥米饭的制作方法

准备材料

大米 500g、水 2L、蒸笼 1 个、锅 1 个、纱布 1 张。

烹饪步骤：

第一步：在锅里加入 2L 水，煮沸，将淘净的大米倒入煮沸的锅里，搅拌，防止大米粘锅。

第二步：大火煮约 12 分钟，待锅内液体黏稠，且米粒未完全柔软前捞出，置于纱布上，将水分沥干。

第三步：将蒸笼置于锅中，并将沥干的米放入蒸笼内，用筷子插出多个气孔后盖上盖子。

第四步：大火蒸 15 分钟即可。

就这样，喷香又松散的沥米饭就制作完成了。

实践作业
1. 分组烹饪制作一款粥或一碗重庆小面。
2. 请尝试为糖尿病患者设计一份一天的健康食谱或做一次沥米饭。

课题 2

常见菜肴的营养与烹饪

问题探讨

中国人擅长利用煎、煮、蒸、炸、炒等方法，将平淡无奇的食材制作成饕餮美味，尽其所能追求菜肴的色、香、味俱全。餐桌上一道道的菜肴是如何制作的呢？你会做哪些家常菜呢？制作这些菜肴的过程中你又有什么创新和感悟呢？

课题聚焦
◎烹饪常见菜肴的基本流程是什么？
◎常见菜肴的烹饪有什么小技巧？

世上公认的有三大国菜，中国菜、法国菜、土耳其菜。中国菜讲究色、香、味、意、形、养俱全。其中最有影响力和代表性的是鲁、川、粤、闽、苏、浙、湘、徽等"八大菜系"。不同的菜系，实质是利用火候的不同，调味的不同，投料的先后，上浆挂糊勾芡的差异和操作的快慢等工艺变化，使中国菜肴风味独特，品种丰富。中国的烹饪历史悠久、技术精湛，"煎、炒、烹、炸"四个字代表的庞杂的烹饪技法值得我们深入学习。以下主要介绍几种最简单最常见的菜肴烹饪方法。

炝炒空心菜

空心菜在重庆一般称为"藤藤菜"，它含有丰富的维生素 A、B 族维生素、维生素 C 及烟酸、蛋白质、脂肪、钙、磷、铁等。具有促进肠蠕动、通便解毒之功效；食后能调节肠道内的酸碱平衡和菌群平衡，对防癌有益。

1. 食材清单：

空心菜 500g、干辣椒、大蒜、油，盐 1 茶匙，味精鸡精少许。

2. 烹饪步骤：

（1）准备食材。

（2）空心菜摘好，洗净并沥干。

（3）干辣椒剪成小段，蒜拍好待用。

（4）起锅烧油，待油温至 7 成热（插入筷子有小泡冒出即可），下入干辣椒和大蒜，炒香。

（5）空心菜下锅，均匀翻炒1—2分钟。

（6）放1茶匙食盐、少量味精鸡精，炒匀即可。

（7）出锅装盘。

小贴士：

（1）空心菜不宜翻炒太久，维生素、色素等容易被破坏。

（2）炒蒜和干辣椒时，油温不宜过高、翻炒时间不宜过长，容易焦煳。

番茄炒蛋

番茄含有丰富的胡萝卜素，维生素 B 和 C，特别是维生素 B 的含量较高。番茄中富含的番茄红素对心血管具有保护作用；还具有特别的抗氧化能力，能清除自由基。鸡蛋中含有丰富的二十二碳六烯酸（DHA）和卵磷脂等，对神经系统和身体发育有非常大的作用。番茄炒鸡蛋是营养素互补很不错的实例。在丰富营养的同时，还具有健脑抗衰老的作用。

1. 食材清单：

番茄 2 个、鸡蛋 1 个、葱花少许、盐 2 茶匙、白糖 2 茶匙。

2. 烹饪步骤

（1）准备好两个番茄，去皮切块，鸡蛋打散。

（2）锅内倒入适量油，待油热后倒入鸡蛋炒至 8 分熟。捞出备用。

（3）放入切块的番茄炒出汁。

（4）加入盐和白糖，再倒入鸡蛋炒匀即可，撒上葱花。

小贴士：

1. 番茄去皮方法：先用刀在西红柿上划一个十字架，然后用开水浇一分钟左右，就可以用手撕去西红柿皮，烫皮的时间不宜太久。

2. 鸡蛋不宜炒太久，这样会影响口感。

 青椒土豆丝

土豆中含有丰富的 B 族维生素和优质纤维素，有助于延缓衰老、防治消化道癌症和控制血液中胆固醇的含量；其中的黏体蛋白质，能预防心血管疾病。青椒含多种人体所需的微量元素，以及维生素 A、C 等多种维生素，能增强体力，缓解疲劳。其特有的味道和所含的辣椒素有刺激唾液和胃液分泌的作用，能增进食欲，帮助消化，促进肠蠕动。青椒土豆丝集合了土豆和青椒的营养价值，可为人体提供多种所需的营养元素。

1. 食材清单：

土豆 1 个、青椒 1 颗、干辣椒 2 颗、花椒 8 粒、盐 1 茶匙、鸡精少许、醋 1 茶匙。

2. 烹饪步骤：

（1）准备原料。

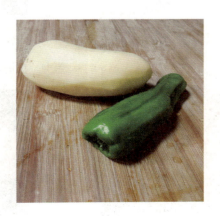

（2）准备一个碗，装上清水滴几滴白醋，将切好的土豆丝放进去泡几分钟后淘洗干净。锅内烧开水，先放一点儿盐，然后下土豆丝快速焯烫 10 秒钟捞起备用。

（3）锅内放食用油，先下干辣椒和花椒粒炝锅，看到干辣椒微糊的时候捞起，辣椒和花椒粒弃之不用。

（4）马上下入土豆丝快速翻炒，并烹入少许醋（最好是无色的白醋）。

（5）加入青椒一起翻炒片刻，最后调入盐和鸡精出锅。

小贴士：

1. 有好几个地方用到了醋，醋在这里发挥的作用就是让土豆丝更爽脆。

2. 若想吃酸辣土豆丝可以放入辣椒粉，再在起锅的时候烹一些醋即可。

3. 炒青椒土豆丝刚下锅时烹醋是为了提升土豆丝爽脆口感，注意不要放太多，否则就变成了酸辣土豆丝。

实践作业

1. 选择烹饪其中一道家常菜，并请父母品尝、点评。

2. 尝试介绍一款其他自己喜爱的菜肴烹饪方法。

豆花的营养与制作

大豆富含植物蛋白，且价格便宜，它的出现被现代医学家称为营养学上第二个黄金时代的开端。我国豆制品种类丰富，其中豆花的口感细嫩、柔软，营养价值丰富，是一道著名的传统菜肴。大豆经过了怎样的加工处理，最终制作成豆花的呢？豆花还有哪些种类？还能衍生出哪些豆制品呢？整个制作的生物化学原理又是什么呢？

课题聚焦

◎豆花制作的基本方法、流程？

◎豆花在不同地域的吃法有哪些差异？

在我国，豆制品种类很多，如豆浆、豆腐脑（有些地方把豆腐脑叫作豆花，但重庆地区豆腐脑和豆花并不相同）、豆花、豆腐等，在豆腐制作过程中，还可以制作豆腐皮（也叫腐竹），新鲜的豆腐又可以进一步加工成其他食品，如冻豆腐、豆腐干等，还可利用微生物发酵，制成各类豆腐乳。豆花是民间极为常见且颇具有风味的佐食佳品。依据各地口味的差异，北方多爱咸食，南方偏爱甜味，川渝地区多喜爱香辣口味。川渝是豆花之乡，很多家常饭馆都卖豆花饭，民间有"好看不过素打扮，好吃不过豆花饭"的俗语。

品质上好的豆花，入口细嫩柔滑，又软弹绵扎，在食用过程中配以自己喜爱的佐料，既能增进食欲，又特别易于消化。营养物质丰富，优质蛋白含量高，含有铁、钙、镁等多种人体必需的微量元素，同时还富含不饱和脂肪酸、维生素B、维生素E、卵磷脂和大量的异黄酮等，消化吸收率可达95%以上。两小块豆腐，即可满足成年人一天钙的需要量。除了富含的蛋白质等提供营养外，对齿、骨骼的生长发育也颇为有益，也可增加血液中铁的含量；豆腐不含胆固醇，为高血压、高血脂、高胆固醇症及动脉硬化、冠心病患者的药膳佳肴。豆腐含有丰富的异黄酮，经现代医学研究发现，异黄酮具有双向调整雌激素的作用。对于雌激素水平明显升高的患者，可能会使雌激素适当下降，对于一些雌激素水平降低的患者，也会适当地使其增加。豆腐中的类固醇、豆甾醇等成分还有抑制乳腺癌、前列腺癌及血癌的功能。

以豆花为主材的传统美食

一碗豆花兼具滑嫩与绵韧，不用舌头发力，绵溜溜地就进了肚。没有调料的时候，甚至撒一勺白糖，也能吃出动人的清甜。豆花既可高居庙堂，又可退隐江湖成就朴素小菜。以下就介绍几种以豆花为主材的传统菜肴或小吃。

1. 咸豆花

咸豆花因地域不同，所加佐料也大不相同。北方有加入黄花菜、肉丁、芹菜、榨菜、口蘑、木耳的；沿海地区有用海带丝、紫菜、虾皮的；还有放入麻酱、辣椒油、香菜、酱油的；也有放韭菜花、蒜泥、葱花的。其中，在河南还有一种加入胡辣汤称之为"豆

腐脑胡辣汤两掺儿"的，极富地方特色。

重庆的豆腐脑则是麻辣咸香味十足。传统豆腐脑由手艺人挑着担子走街串巷吆喝着卖，一个木箱，一个铝皮桶，承载一家人的全部生计。铝皮桶里装了满满一桶豆腐脑，盛出来的时候一勺一勺叠加，而木箱里放满各种佐料。一碗小小的豆腐脑，佐料不下十几种，芝麻、盐、味精、酱油、葱花、榨菜、酥豌豆、花椒面、辣椒油……一样都不能少。传统豆腐脑要经历浸泡、打浆、煮浆、点浆等多道工序，黄豆一般选用本地产，这样做出来的豆腐脑，雪白水嫩，开锅伴随升腾的热气，空气中弥漫着浓郁的豆香。

2. 甜豆花

如果是夏天，可以把制作好的豆花放入冰箱的冷藏室，吃的时候再取出来制成甜豆花，冰冰凉凉，不但解

暑还健康。冬天则加入热糖水食用，为了驱寒还可在糖水中加入姜汁。

甜豆花所需要的小料就比较常见了，可以加芋圆、布丁、椰果、珍珠、烧仙草。传统做法是加各种蜜豆，最后用红糖水和碎冰拌在一起，冰冰凉凉的豆花成为夏天的美味。

3. 菜豆花

豆花本是十分寻常的美食，也有的店家别出心裁地推出菜豆花。菜豆花制作流程简单，

选取上好的黄豆加水泡上一夜，磨成浆，滤去渣，将过滤的浓浆大火煮沸，投入切碎的青菜（小白菜最好），改为小火慢煮，锅里的豆浆就会慢慢浮起，逐渐与菜一起凝固，菜末均匀地镶嵌在了豆花里，翠碧间杂着玉白，煞是好看。菜豆花既有青菜的绿意，又兼具豆香和逗人食欲，吃起来亦是清新异常。

4. 荤豆花

在重庆，荤豆花继承了火锅文化的精髓，加什么配菜，吃什么蘸料，完全自己决定。取肉片、猪肚的肉鲜，加上菌菇、黄瓜、西红柿的素鲜。热油煸炒姜葱，下番茄熬出酸鲜打底，添骨汤慢煨，各色食材依次入锅，胡椒调味，最后倒在豆花上即成。

荤素搭配的另一个典范是豆花烤鱼，近年颇受人们欢迎。豆花切成三角形，列置在长方形烤鱼盘的角落，吸收着浓郁的酱汁。烤鱼的焦香搭配豆花的嫩滑，口感润泽，滋味丰厚。

5. 豆花饭

重庆是豆花之乡，20世纪三四十年代，重庆主城区有名声的豆花饭要数解放碑旁的高豆花，较场口黄家坡豆花店和储奇门的白豆花。由于豆花饭价廉物美，重庆部分区县迄今还保

留着吃早豆花的习惯。在重庆的街边小店里，河水豆花被一刀刀分成一畦畦方格田地。夹起一块，在加了许多调味的红油辣椒里走一遭，五味融合。食时只需轻抿，豆花霎时在口腔里碎裂，饱满的浆水淡淡停留，馥郁的佐料撑起了丰盈的口感。

好吃的豆花饭首要是豆花的品质上乘。"旋转磨上流琼液，煮月铛中滚雪花。"完美的豆花讲究气孔均匀，老嫩适中，太老则不如吃豆腐，太嫩只是一包寡味的浆水。其次是蘸料的口味。红油蘸料需几种辣度不同的辣椒杂糅出恰到好处的辣，添上盐、花椒粉、少许味精，葱花一把。而青椒酱料需辣度相宜的二荆条细细剁碎，重油熬至软糯出香，调过味，酱稠汁浓。裹覆在软嫩的豆花上，鲜辣爽口，佐一口香弹的大米饭，直叫人吃得满头渗出汗珠来，然后长吐一口气以示过瘾。

 豆花制作流程

1. 豆花制作的原理

豆花的关键原料是黄豆，蛋白质含量 36%~40%，经水浸、磨浆、除渣、加热，得到的一种蛋白质胶体（一种介于溶液和悬浊液、乳浊液之间的混合物），即豆浆。由于蛋白质表面的羧基和氨基在水溶液中解离后带电，因此蛋白质带有电荷，使胶状物中颗粒之间相互排斥，不能结合下沉。

卤水（重庆地区常称作胆水）的学名为盐卤，用卤盐水熬盐后，剩下的黑色液体即为盐卤，是氯化镁、硫酸镁和氯化钠的混合物。盐卤中氯化镁、硫酸镁和氯化钠的水溶液，属电解质溶液，可以中和胶体微粒表面吸附的离子的电荷，使蛋白质分子凝聚起来。

点豆花就是利用卤水中的电解质，使豆浆中的蛋白质胶体发生凝聚而与水分离形成豆花的过程。其基本原理就是破坏蛋白质分子之间因带电荷而产生的排斥作用，最终使蛋白质结合形成豆花。所以采用的凝胶剂并不是非盐卤不可，其他如石膏、酯酸、柠檬酸、白醋等都可用来点豆花。如在市场上销售的一种盒装豆腐，它洁白细腻，质量明显高于传统方法制作的豆腐，它的凝固剂采用了一种新的化学物质——葡萄糖酸内酯。一般而言，卤水豆腐就是用盐卤点制的豆腐，石膏豆腐就是用硫酸钙点制的豆腐。卤水豆腐口感绵韧，比较硬，有豆香味，含水量少、色泽白中略偏黄，质地比较粗老，主要用于煎、炸等。石膏豆腐细嫩光滑、含水量多，色泽洁白，俗称"嫩豆腐"，主要用于烧菜、制作汤、羹等。

2. 豆花的制作流程

浸泡黄豆→磨豆浆→过滤→煮豆浆→点浆→静置。

（1）浸泡黄豆：取适量饱满的干黄豆，去壳筛净，清水洗净后，放入水缸中。

浸泡过夜，使黄豆泡发至饱满后捞出，冲洗干净后备用；水质以纯水、软水为佳。用水量一般以黄豆和水 1:3 为宜，浸泡好的黄豆约为干豆重量的 2 倍。浸泡时间不宜过长，会影响出浆率。

（2）磨豆浆：将泡涨的黄豆加入一定比例的水，磨成豆浆。

（3）过滤：用特制的布袋或双层纱布将磨出的浆液过滤，使豆渣和豆浆分离。

（4）煮豆浆：生豆浆榨好后，放入锅内煮沸，边煮边撇去上面漂浮的泡沫，豆浆煮开之后要继续小火煮三五分钟，煮好之后关火，冷却三四分钟。

（5）点浆：煮好后的豆浆，冷却到80~90℃时，均匀而缓慢地点入盐卤，或石膏，或内酯等凝固剂。

（6）压榨：用筲箕压榨点好的豆花雏形，一边压榨，一边将多余的水从压榨的筲箕中舀出，再烧开沸腾，豆花就制作完成。

实践作业

1. 我国幅员辽阔，各地环境条件和生活习惯差异较大，豆花的制作工艺虽大同小异，但略有差异，制作出来的口感也有差异，请同学们收集不同地区豆花的制作方法，分析口感差异的原因。

2. 尝试在家制作含水量不同的豆花。

馒头的营养与酵母菌发酵

问题探讨

人们利用微生物发酵来制作食品的历史源远流长，据考证大约 4000 年前古埃及人开始利用酵母菌制作面包。馒头作为中国常见主食是如何制作而成呢？影响馒头品质的主要因素是什么呢？

课题聚焦
◎馒头制作的基本方法、流程？
◎传统发酵中如何控制温度、发酵时间等变量？
◎如何控制馒头表面的小气孔？

　　酵母是一类兼性厌氧型真菌类微生物的统称，广泛分布于自然界中，目前已发现超过 1000 多种。酵母具有代谢旺盛，增殖迅速，易于培养等特点，喜生活在潮湿偏酸性且富含糖类环境中。酵母在有氧和无氧条件下均能生存，在有氧条件下，将葡萄糖等碳水化合物彻底分解，形成水和二氧化碳等无机小分子，释放大量能量用于自身快速繁殖，在缺氧条件下，酵母可将碳水化合物转化为酒精、甘油等代谢产物。生活中最常提到的酵母为面包酵母，也正是利用酵母发酵产生二氧化碳使馒头和面包变得更蓬松，呈现特有的香味。

馒头文化简介

　　制作和食用馒头在中国已有 2000 多年的历史，民间也逐渐积累出宝贵的加工经验和传统理论，在不断改进和发展中，馒头已成为百姓日常餐桌上必不可少的主食之一。在食物加工制作上，西方人常依赖烘烤方式来熟制食品如面包，而中国人在熟制食品的方式上更为多样，煎、炸、蒸、煮等均为常用方法。就中国人的饮食习惯而言，馒头具备色白、皮软、膨松适度、淡香微甜等良好的风味和口感，配菜食用，久食不厌。与面包相比，蒸制时温度较低，不会因为温度较高引起非酶褐变，因此馒头制作过程中最大限度减少面粉营养成分如氨基酸的流失。

馒头制作流程

面团调制→发酵→成型→醒发→蒸制→成品。

1. 面团调制

面团调制又称为和面或调粉等。

先用温开水将酵母化开（1千克面粉需添加10克酵母），溶解后加入面粉中，边

加水边搅拌，形成网络絮状的面筋结构，然后揉成一个表面光滑的面团。

2. 发酵

用润湿的纱布盖于和好的面团上，放在温暖处发酵（夏天可室温下发酵，冬季需放在温水上进行发酵），至面团体积膨大约两倍、内部形成丰富均匀的蜂窝状组织时即代表发酵良好。

3. 成型

将发酵好的面团反复搓揉，逐渐释放出面团内气体，可用刀将面团进行横切，若横切面无明显蜂窝状气孔说明面揉好了。然后将面团切割成大小适中的小面团，做成馒头形状，装入蒸屉中加盖进行二次发酵。

4. 醒发

醒发，即二次发酵，是馒头生产过程中重要工序之一，决定最后馒头的松软程度和大小。

在蒸锅加入适量的凉水后，把做好的馒头放到蒸隔上，盖上锅盖进行二次发酵，时间约为 10—15 分钟。二次发酵利用面团中大量的酵母活化，进行一系列的生物化学反应，使面筋得到进一步的延伸和扩展，同时也增加了面团的柔软度。二次发酵中应准确把握温度、湿度和时间，一般最佳温度为 35~42℃，有利于快速发起，减少馒头的变形。若馒头坯表面柔软，摸上去不粘手则湿度为宜。

5. 蒸制

用大火烧开后，转小火蒸 20 分钟左右，关火焖 3 分钟即可出锅。

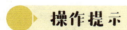

操作提示

（1）在揉面时，应将面团反复搓揉，使面团内的气泡全部排出，防止馒头表面塌陷，若蒸气太旺，应转中小火蒸制。

（2）发酵慢或形成死面，可能是在和面时加入酵母太少或溶解酵母的温度过高。

（3）为防止馒头粘在蒸屉上，可在蒸屉上刷一层薄薄的植物油再放馒头。这样馒头不粘案板也容易从蒸屉上取出。

（4）一般面团发酵最佳的温度为 27~30℃，在该温度下，2—3 小时即可发酵成功。为了达到最佳发酵温度，可根据地域、气候等差异做适当调整，如冬季可用温水和面，放在有温水的蒸锅中，盖上湿布。

（5）如何判断馒头生熟：

①用手轻拍馒头，有弹性即熟；

②馒头的表皮能轻松撕下即熟，否则未熟；

③用手指轻按馒头，塌陷处很快复原，即已蒸熟。

实践作业

1. 我国幅员辽阔，各地环境条件和生活习惯均有差异，馒头的制作工艺及文化也多种多样，请同学们调查不同地区制作馒头的方法，分析该方法的优缺点。

2. 尝试在家制作有奶味、南瓜风味的奶香馒头和南瓜馒头。

果酒与酵母菌发酵

问题探讨

"葡萄美酒夜光杯，欲饮琵琶马上催。"人类酿酒的历史约有 7000 年了。葡萄酒口感醇香、浓郁，制作简便，还具有一定的保健功能。怎样的温度、湿度、pH 值组合才能生产出高品质的葡萄酒呢？如何摸索最佳的家庭酿制葡萄酒的简易方法呢？

课题聚焦

◎葡萄酒制作的基本方法、流程？

◎酵母在葡萄酒制作中有哪些应用？

◎尝试鉴别葡萄酒的真伪？

　　果酒是指用新鲜的水果或果汁为原料，利用本身的糖分在酵母的作用下，酿成的酒精度低于 15% 的饮品。我国是水果生产大国，丰富的水果资源为我国果酒发展提供了良好的基础。品质优良的果酒需要经过微生物利用果肉发酵产生酒精，以及漫长的陈酿过程，在陈酿过程中发生复杂而缓慢的生化反应，使各成分逐步趋于平衡和稳定后而成美酒。果酒中含有丰富的氨基酸、维生素、有机酸、酚类物质、单宁色素、多糖等物质，不仅使酒体颜色稳定、香气馥郁、口感柔和，还具有多种保健功能。如红葡萄酒在酿制过程中保留了籽和皮，提高了酒体的酚类含量，往往具有较强抗氧化能力，使其具有美容护肤、抗衰老的功效，除此之外还能降低血脂和胆固醇含量，预防心血管疾病，促进新陈代谢和血液循环，提高机体活力。目前，许多人已经意识到常喝葡萄酒对身体的益处，因此随着经济的快速增长，人们对健康和生活品质提出了更高要求，相信种类繁多、营养价值高、口感优越的果酒，必然具有广阔的市场潜力。

葡萄酒的制作

1. 葡萄酒的制作原理

葡萄酒的制作离不开酵母菌。酵母菌是一种兼性厌氧型真菌，分布广泛，尤其是在种植水果的土壤中。当环境适宜，通过出芽生殖进行繁殖。当环境恶劣，如冬天时酵母菌通过孢子生殖进行繁殖。进行葡萄酒制作所需要的酵母菌主要来源于附着在葡萄皮上的野生酵母菌。

酵母菌在隔绝空气的条件下，将葡萄汁中的糖发酵转化为酒精和二氧化碳。在发酵的过程中，由于酵母菌及其他微生物的作用，葡萄酒中形成了如高级醇、酯类、酮类、萜类等主要构成葡萄酒香气的化合物副产物。控制发酵条件，使发酵过程平稳进行，保证香气成分在葡萄酒中处于平衡状态，有利于减少有害物质的生成，提升葡萄酒的品质和口感。

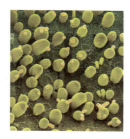
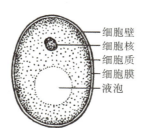
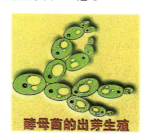

酵母菌的出芽生殖

2. 材料用具

自然成熟的新鲜葡萄、发酵瓶、纱布、白糖。

3. 工艺流程

葡萄洗净→晾干→去梗→破碎→加糖→初发酵→后发酵→澄清→储存。

4. 酿制过程

（1）准备

将发酵瓶充分洗净、控干备用。取成熟的葡萄，摘除葡萄蒂，挑出烂粒、瘪粒，将挑选好的葡萄流水冲洗两次，晾干至

表面没有水珠。用洗净的手将葡萄捏破挤到发酵瓶中，葡萄皮一并放入（葡萄皮上有野生酵母，可启动自然发酵，并使葡萄酒具有诱人的颜色）。

（2）初发酵

当把葡萄装到发酵瓶的 70% 左右时，盖上盖子。将装好葡萄的发酵瓶放在阴凉通风处，大约会在 12 小时内启动发酵，表现为发酵瓶中有较多气泡产生。在发酵启动后，每天两次用木棒或筷子将葡萄皮压入酒液中，然后盖上盖子。发酵启动后 1—2 天内，放入相当于发酵葡萄重量的 1/20 的白糖，将糖浸入葡萄汁中搅拌均匀。发酵启动后 3—4 天时，再放入发酵葡萄重量的 1/20 的白糖。两次放糖的总重量为葡萄重的 1/10。葡萄酒初次发酵一般需要在室温下发酵 6—8 天，当发酵瓶中很少有气泡产生，葡萄皮的颜色变浅或无，品尝酒液基本没有甜味且有浓郁酒味时，这表示初发酵完成。

（3）后发酵

当初发酵完成后，将葡萄酒汁倒入后发酵瓶中，然后将剩下的葡萄皮、籽和糟等用细纱布过滤，过滤后的酒液也倒入发酵器中，注意要留有 1/10 空隙，放在阴凉处。此时的葡萄

酒汁较浑浊，颜色不佳，但喝起来已有干红葡萄酒的味道。在温度大于22℃时，葡萄酒会开始后发酵，后发酵主要是苹果酸－乳酸发酵，不再产生酒精。后发酵中会有少量洁白、细腻的气泡上升。两三周后，后发酵基本完成，酒液变得清澈，将酒液倒入储存容器，尽量装满，盖子盖紧，避免杂菌污染。葡萄酒制作完成。

▶ 操作提示

1. 酿造中的注意事项

（1）尽量选择玻璃容器、陶瓷容器、不锈钢容器，避免容器与酒相互反应产生有害物质。

（2）葡萄清洗时，用清水冲去尘土即可，避免手搓，以免破坏葡萄皮上的白霜，因为葡萄皮上有大量野生酵母附着，导致降低发酵效率。

（3）在处理葡萄时，尽量不要榨汁机，避免将葡萄籽弄破，导致单宁大量释放，使酒液口感苦涩。

（4）初次发酵时，盖上盖子不要完全盖紧，防止发酵时产生的大量二氧化碳，导致发酵瓶炸裂；但二次发酵后，需将盖子盖紧，以免杂菌如醋酸杆菌感染，使酒变酸。

（5）葡萄酒发酵一般需要一个星期左右，发酵温度一般控制在

15~28℃，温度过低发酵太慢，过高发酵太快，都不利于葡萄酒品质的控制。

2. 影响品质因素

（1）葡萄的选择

酿酒七分原料，三分工艺，只有好的葡萄才能酿造出好的葡萄酒。应选用如赤霞珠、品丽珠等专门的酿酒葡萄品种，它们相较于市场上的普通葡萄，颜色更深、含糖量更高，葡萄中花青素、单宁、芳香类物质更为丰富，使酒澄清度高、颜色纯正、酒体浓郁从而大大提高酒的品质。

（2）酵母的选择

自酿葡萄酒一般不加酵母，主要利用附着在葡萄皮上的野生酵母进行发酵。但野生酵母有一定的地域性，环境不同，酵母菌的种类和代谢特点均有差异，同时也有大量杂菌存在，发酵过程中可能会产生未知的对人体有害的化学物质，所以为了减少杂菌污染，可选择市面上常见的专用活性干酵母，或安琪活性干酵母，可保证葡萄酒的正常发酵和稳定的品质。

（3）抗氧化和抑菌

葡萄酒的保健功能很大程度取决于它的抗氧化成分，但是抗氧化成分易被氧化。SO_2 具有较强的抑菌效果和抗氧化作用。因此，生产中常加入适量的 SO_2 于发酵液中，从而保护抗氧化成分，最大限度地保留原料原有的成分，保持果酒的风味。SO_2 虽有防止果酒氧化的作用，但是在发酵过程中的添加要注意适量，添加过少，不能起到很好的抗氧化剂作用；添加过多，不仅会对人体健康产生危害，而且也会影响果酒品质，所以现在各国对葡萄酒中的 SO_2 最大限量都有专门的规定。

葡萄酒的鉴定

葡萄酒作为一种世界性的饮品，受到广泛的喜好，其品质优劣直接影响消费者的身心健康和安全保障，市面上以次充好的各类葡萄酒层出不穷。

因此，掌握一些简便的鉴别方法显得尤为实用。

鉴定原理：葡萄在发酵过程中产生的酒精、鞣酸和单宁等化学成分，这些成分相互作用协调平衡，奠定一杯好的葡萄酒的根基。单宁是酒的灵魂，它使酒体结构稳定，有助于心血管疾病的改善和预防。其来源主要是葡萄皮中的单宁和储酒的橡木桶。葡萄酒真假鉴别的关键是花青素的含量。假酒多由酒精、色素、香精和糖等勾兑而成，里面无花青素；劣质酒多是葡萄酒加水和人工色素勾兑形成，因此花青素少。所以通过比较酒中花青素的相对含量，就可以大致鉴别出葡萄酒的品质和真假。

花青素是一种天然的水溶性色素，颜色随 pH 值发生变化，在酸性条件下呈现紫色或红色，在碱性条件下呈蓝色或深蓝色，蓝色的深浅与花青素含量呈正相关。

下面介绍两个生活中鉴别葡萄酒优劣的简易方法：

方法一：取干净纯色透明玻璃杯一只，先倒入适量葡萄酒，然后加入家中常用的食用碱或小苏打，等待几分钟，观察葡萄酒的颜色变化。若为假酒，因为里面没有花青素，故不变色；若为真酒，花青素遇碱变色，会呈现不透光的深蓝色，且蓝色越深代表酒的纯度越高。

方法二：用一张滤纸或餐巾纸，滴一滴酒上去，观察酒滴的扩散情况；若观察到中间颜色很深，周围颜色明显很浅，则为假酒或葡萄酒兑水；若比较均匀扩散开来，则为真葡萄酒。

实践作业

1. 制作葡萄酒的过程中，发酵液分别有哪些变化？其中最明显的变化发生在发酵后的多少天？你能分析引起变化的原因吗？

2. 学习本课程后，请同学们查询资料，尝试利用应季水果如杨梅、苹果、西瓜等制作相应的果酒，比较与葡萄酒制作的差异，分析造成差异的原因？

泡菜与乳酸菌发酵

问题探讨

人们利用微生物发酵来制作食品的历史源远流长，除却酵母菌制作馒头等工艺，还有利用乳酸菌制作的食物，如：泡菜、酸奶等。据考证，在3100多年前的商代武丁时期，我国劳动人民就能用盐来腌制食物。盐渍菜与乳酸菌发酵有何关系？可口的泡菜又是怎么制作的呢？

课题聚焦

◎乳酸菌的基本发酵原理是什么？

◎泡菜是怎么制作的？

乳酸菌是一类可以在无氧条件下将碳水化合物分解产生大量乳酸的细菌的统称，属于原核生物，常见的有乳酸链球菌、乳酸杆菌等。乳酸菌分布极为广泛，具有多样性，据统计，至少包含18个属，共200多种。除极少数外，

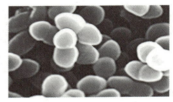

乳酸链球菌（球状）

其绝大部分都是人体肠道益生菌，在人体内有着重要的生理功能。

乳酸菌的代谢类型为异养厌氧型，在无氧条件下，乳酸菌将葡萄糖等糖类发酵生成具有酸味的乳酸。乳酸发酵食品，能将食品的营养价值和品质有效提高，能赋予食品香气，改善食品风味；乳酸发酵食品具有降低胆固醇、调节血压和血脂等益生保健功能。乳酸菌还能抑制肠道内腐败菌的繁殖，并减弱腐败菌在肠道内产生的毒素，同时能减少某些致癌物质的产生，因而有防癌作用。

泡菜制作的原理

　　泡菜的制作是利用附生在蔬菜表面的乳酸菌，在较低浓度的食盐水中对蔬菜进行无氧发酵的过程。在泡菜制作过程中，蔬菜中有机物是乳酸菌的主要养料，乳酸菌进行无氧呼吸将部分有机物氧化分解生成乳酸，其化学反应式如下所示。在泡菜制作中乳酸菌可提高蔬菜的营养价值，赋予蔬菜柔和的酸味及香味以改善蔬菜风味，同时防止腐烂败坏，丰富蔬菜制品的花色品种。

$$C_6H_{12}O_6 \xrightarrow{\text{酶}} 2C_3H_6O_3 + 能量$$

 泡菜制作的流程

1. 盐水调制

　　（1）按照清水（纯净水或蒸馏水）与盐的质量比为4:1的比例配制盐水，将配制好的盐水烧开后冷却至室温。

　　（2）准备香料：根据个人喜好选择，蒜瓣、生姜及其他香辛料（桂皮、八角、香叶、花椒等）。

　　（3）准备一个泡菜罐清洗净备用，泡菜罐最好选择密封性好的陶瓷容器，或玻璃罐。

2. 蔬菜的预处理

　　（1）准备好新鲜蔬菜，如白萝卜、胭脂萝卜、红辣椒、卷心白菜等洗净晾干备用。

　　（2）将洗净的萝卜切成大小均匀的块状。

　　（3）将卷心白菜切成大小均匀的片状。

3. 装坛发酵

（1）将经过预处理的新鲜蔬菜混合均匀，装入泡菜坛内，装至半坛。

（2）将蒜瓣、生姜及其他香辛料放入泡菜罐中，再将蔬菜继续装至八成满。

（3）徐徐注入配制好的盐水，使盐水没过全部菜料，盖好坛盖，或拧紧罐盖。选用泡菜坛则在坛盖边沿的水槽中注满水，以保证坛内乳酸菌发酵所需的无氧环境。

（4）发酵时间长短受室内温度的影响，冬季发酵时间一般比夏季长。

泡菜制作的延伸

1. 泡菜生花的原因及处理

泡菜生花，也就是泡菜坛中长出一些白色漂浮物，这主要是由于杂菌的污染引起的。生花原因主要可能有三种，泡菜坛子里沾了水、泡菜坛子里沾了油或者坛子的气密性不好。那么，遇到了生花的问题该如何解决呢？如果因为是泡菜坛子气密性不好，则需要更换坛子。如果是沾了水、沾了油可以添加一些白酒，高浓度白酒是防止"生花"的利器。除此之外，

花椒、紫苏、干辣椒这些辛辣的食材，对防止生花也有一定作用。

2. 泡菜过酸的原因及处理

真正成功的泡菜应是酸、甜、麻、辣、脆俱全。泡菜太酸了，原因就在于盐放少了，发酵时间又有点长或者温度较高发酵过快，各种蔬菜中的糖分慢慢流失，而有了酸味。所以在

制作时可以适当多放一点盐，不要担心泡菜太咸，咸味大多溶解在水中。如若发酵完成品尝时才发现泡菜太酸，也有补救的方法。在食用前用白开水冲洗一下，再稍微加点白糖拌着吃，酸酸甜甜十分爽口。

实践作业

1. 尝试制作一次泡菜，并将制作的泡菜装坛美化。
2. 交流品味泡菜风味，并将自己制作的泡菜进行进一步的加工装盘上桌。

酸奶的营养与酿制

问题探讨

乳酸菌在老百姓的日常生活中应用非常广泛，在日常生活中酸奶的制作也与乳酸菌密切相关，你知道酸奶是怎样制作而成的？喝酸奶能减肥吗？酸奶经过乳酸菌发酵，在营养成分上有什么变化呢？在营养价值、热量等方向有什么变化呢？

> **课题聚焦**
>
> ◎最初的酸奶是怎么制作的呢？
> ◎酸奶制作有哪些步骤呢？
> ◎传统发酵中如何控制温度、发酵时间等无关变量？

酸奶制作历史

据说酸奶一词起源于色雷斯语。Yog 意为"凝稠"，urt 意思是"奶"。酸奶最早为色雷斯人制成。公元前 2000 多年前，生活在希腊东北部和保加利亚的色雷斯人过着游牧生活，他们身上常常背着灌满了羊奶的皮囊，带着羊群在大草原上放牧。由于外部的气温与人的体温等因素的作用，皮囊中的羊奶常常变酸，而且变成渣状。当他们要喝时，常把皮囊中的变酸的奶倒入煮过的鲜奶中，煮过的奶也会变酸。这就是最早的酸奶。

酸奶的营养价值

目前，市面上各种酸奶制品品种繁多，有凝固型的，搅拌型的，还有加入不同的果汁、酸甜可口、适应各类人群不同口味的果汁型酸奶。不管是何种酸奶，其共同的特点都是含有乳酸菌，如：双歧杆菌、嗜酸乳杆菌、干酪乳杆菌等。

乳酸菌能将牛奶中的乳糖和蛋白质水解为小分子有机物，如：葡萄糖、半乳糖、乳酸、小的肽链和氨基酸等。奶中脂肪含量一般是 3%~5%，经过发酵后，酸奶中的脂肪酸可比原料奶增加 2 倍，这样的变化也使人体更易消化和吸收，因此乳糖不耐受的人不可喝牛奶却可以服用酸奶，同时各种营养素的利用率得以提高。乳酸菌在人体的肠道内繁殖时会分泌对人体健康有益的物质，如 VB_1、VB_2、VB_6、VB_{12} 等。同时，酸奶有促进胃液分泌、提高食欲、加强消化的功效，因此酸奶是健康食品。

酸奶制作的原理

酸奶发酵是乳酸菌在一定温度下通过自身新陈代谢将牛奶中的乳糖分解为乳酸并使乳蛋白质在酸性条件下变性凝固形成均匀凝块的过程。

$$乳糖 \xrightarrow[\text{水解}]{\text{乳酸菌}} 葡萄糖 + 半乳糖 \qquad 葡萄糖 \xrightarrow[\text{无氧}]{\text{乳酸菌}} 乳糖$$

酸奶的简易制作流程

将鲜牛奶倒入洗净的锅内，加入适量的白砂糖，喜食甜食的可以多加一些，混合均匀后煮沸几分钟，煮沸时注意防止飞溅。待牛奶冷却至 35℃~40℃，分装至保温杯中。保温杯及勺子可以用沸水浴进行消毒以除

配制培养基 牛奶与糖混合 → 高温灭菌 煮沸后冷却及 保温杯消毒 → 接种 加入酸奶 → 培养 加盖密封发酵

去其上杂菌。将牛奶分装至保温杯后再加入原味酸奶小心搅拌均匀，拧紧瓶盖密封发酵 8 小时后即可食用。牛奶与原味酸奶的比例约为 20:1。

实践作业

1. 根据酸奶的酿制过程，讨论酸奶与鲜牛奶营养价值的区别。

2. 请根据酸奶和鲜牛奶成分的差异，为乳糖不耐受患者提出饮用建议，并阐述理由。

2. 尝试制作酸奶，交流品味酸奶风味，并尝试添加不同果汁、果肉等，综合分析改善制作酸奶流程。

食用菌的营养与烹饪

问题探讨

民间谚语有云："要想身体好，菌汤是个宝。若要身体瘦，多吃菌子少吃肉。"菌类食物不仅营养丰富，而且口感独特，味道鲜美，备受大众青睐。在日常生活中，可以见到各种各样的食用菌，如平菇、香菇、木耳、金针菇、杏鲍菇、草菇、银耳、鸡腿菇、虫草花等。食用菌种类繁多，形态多样，食用菌有哪些营养价值呢？又该如何烹饪以保存其营养价值呢？

课题聚焦

◎食用菌的主要的营养成分有哪些？

◎常见食用菌的烹饪方法是什么？

食用菌的营养价值

食用菌，也就是我们常说的菇类，是一种大型真菌，主要由菌盖、菌褶和菌柄三部分组成，正是由于这三个部分中含有较多的蛋白质、不饱和脂肪酸、维生素等成分，并且脂肪含量较低，所以，这些部位通常都是可以食用的，而且有着较高的营养价值。

食用菌普遍含有多糖肽、抗癌元素"硒"等，具有抗肿瘤作用。食用菌的蛋白质、不饱和脂肪酸含量丰富，能有效提高人体自身的免疫力。食用菌中含有多种不饱和脂肪酸、有机酸、核酸等物质，对高血脂、高血压、脑血栓、动脉粥样硬化等心脑血管疾病有着预防的效果。灵芝、黑木耳、猴头菇、银耳等所含菌多糖能降低实验性糖尿病动物的血糖，是糖尿病患者的理想食品。某些食用菌可以产生天然的抗生素，具有消炎止痛的作用，目前已经知道的抗生素已达近百种，例如，在猴头菌提取的猴头菌素可用于治疗消化系统炎症；从假蜜环菌提取的假蜜环菌乙素和假蜜环菌甲素可用于治疗慢性肝炎和胆囊炎。除上述功能外，食用菌还具有抗病毒、抗氧化、清除自由基、抗衰老、调节内分泌、清热解表、镇静安神、利尿祛湿、化瘀理气、润肺祛痰等功效。

几种常见的食用菌

1. 香菇

香菇，又叫作冬菇、花菇、香菌，是一种生长于木材上的真菌。在日常生活当中，无论是炒菜、炖汤还是做馅，常常见到香菇的身影。香菇之所以受人喜欢，是因为它香气沁人，味道鲜美，并且营养丰富，富含维生素B、维生素D，以及铁、钾等元素。餐桌

上常见的以香菇搭配其他食材的菜品多种多样，例如香菇瓢儿菜、香菇炖鸡、香菇牛肉羹、山药烩香菇等。

2. 木耳

木耳，又名木菌、木蛾、黑菜云耳等，生长于阴湿、腐朽的树干上。干燥时整体收缩为较脆硬的角质或革质，浸泡后变得晶莹剔透。木耳富含

蛋白质、钙、铁、磷、维生素、胡萝卜素等营养物质，可起到疏通肠胃、养血驻颜、降低血压的作用。餐桌上常见的木耳菜品有清爽可口的凉拌木耳、香嫩脆滑的木耳炒肉，以及黑木耳红枣汤、木须肉等。

3. 杏鲍菇

　　杏鲍菇，也叫作刺芹侧耳，因其具有类似杏仁的香气，而且菌肉肥厚，吃起来口感似鲍鱼，所以称为杏鲍菇。杏鲍菇的白色肉质菌柄非常粗厚，因此口感独特，除此之外，杏鲍菇含有丰富的高蛋白，以及钙、锌、铜、镁等多种矿质元素，可以有效提高人体免疫力。经常食用，还可以有效起到降血脂、润肠胃、促消化等作用。市场上有较多的杏鲍菇的产品，例如常见的独立包装的香辣杏鲍菇，以及山椒杏鲍菇等。餐桌上常见的杏鲍菇菜肴有黑椒杏鲍菇牛柳、烧汁煎酿杏鲍菇、青椒素炒杏鲍菇、手撕杏鲍菇等。

常见食用菌的烹饪

　　常言道，除了酸甜苦辣咸之外，食用菌还具有第六种味道，那就是所谓的"鲜味"。因此，当用其他食材与食用菌混合烹饪时，不得不说是一种"美味补给"。食用菌种类丰富，有着多样的风味和口感，只要采用不同的烹调方法，便可以发挥出每种菌菇独特的优势。对于香菇而言，由于其味道相对较重，所以油焖的烹饪方式较为适合；草菇比较适合爆炒，因为这样可以避免维生素 C 等营养成分被破坏；对于味道鲜美的金针菇，则是火锅配料或者拌凉菜的上选，但值得注意的是，金针菇要煮 6 分钟以上，否则可能会引起中毒，这是因为新鲜的金针菇中含有秋水仙碱，人食用后，容易因氧化而产生有毒的二秋水仙碱，它对胃肠黏膜和呼吸道黏膜有强烈的刺激作用。总之，食用菌最常用的烹饪方式还是以清炖或者清炒为主，这样才不失食用菌的原汁原味。

▶ 香菇瓢儿菜的烹饪方法

香菇瓢儿菜是一道美味可口、营养丰富的家常菜。如果将香菇稍加处理，切出花样，还可以有效提高食欲。下面一起来学习并尝试其烹饪过程。

1. 用料：
主料：香菇、瓢儿菜。
辅料：姜、蒜、泡椒、生抽、米醋、香油、耗油、淀粉、水、植物油。

2. 步骤：

（1）香菇去老蒂洗净，瓢儿菜洗净；

（2）将香菇刻出如图所示的花纹；

（3）取适量大蒜、生姜和辣椒，分别切碎待用；

（4）半碗水加入蚝油、生抽、米醋、淀粉，调成汤汁待用；

（5）锅里水适量，加入少许食盐和香油，烧开，然后放入瓢儿菜焯水、装盘；

（6）锅里加入适量菜油，油热后爆香姜蒜末，然后加入香菇和少许盐，翻炒均匀，再加入调好的汤汁及适量水，一边煮一边轻轻翻动香菇，等到汤汁浓稠的时候再加入泡椒；

（7）将已经焖煮好的香菇放在盛有瓢儿菜的盘子中，一盘精美的香菇瓢儿菜就完成了。

实践作业

1.除了食用菌，你知道有哪些菌菇是不能被我们人类食用的？

2.菌菇属于真菌，谈一谈菌菇除了可以作为人类的食物，它们在生态系统中还可以起到什么作用？

3.查阅食谱，为家人做一道以食用菌为材料的菜肴，并结合所选食材讲述其营养价值。

重庆火锅

问题探讨

火锅作为中国最具特色的菜品之一，是川渝地区居民在外就餐首选的餐馆类型之一，更是重庆最具有代表性的餐饮！

重庆，依山傍水，长江和嘉陵江两江合抱，日夜流淌。为什么火锅如此受重庆老百姓的喜爱呢？重庆火锅是怎样起源与发展的呢？

课题聚焦

◎重庆地域文化与火锅起源有什么关联？

◎火锅锅底的制作流程是什么？

重庆地域文化及火锅起源

山水相依、炎热潮湿的重庆极具南方意象。在典型的南方城市中，重庆显然是个异类。山城市井、码头文化使她与江南、岭南城市精致温润的气质迥然相异。她登高望远，负重向前，是一座既可回看

过去又能展望未来的城市，古老与现代在雾都交相辉映，徜徉其中，仿佛穿越时空。火锅作为码头文化的代表食物，虽然算不上大富大贵，但是火

锅就是山城人的"图腾",承载了数百年这里特有的码头文化并以其红彤彤、鲜艳艳的色彩和浓郁的麻辣鲜香口味,成了一道独特而又别致的美食。

重庆火锅的来源最早要追溯到码头上拉船的纤夫。在川江三峡流域,由于水流湍急,纤夫成了必不可少的风景。他们沿江拉纤,饿了就在江边垒起石块,支起瓦罐,捡拾一些干树枝生火,舀几瓢江水,就地取材选用最平易近人的食材,再放入海椒、花椒等调料,涮而食之,既可果腹,又可驱寒、祛湿。这就是火锅的雏形,根据其菜品特点又称为"麻辣烫"。数百年形成的饮食习惯,跟随着历史的发展潮流,逐渐演变成今天的重庆火锅。

无拘无束,谈天说地,可谓"围炉聚饮欢呼处,百味消融小釜中",这便是火锅的真谛。火锅的另一重含义在于包容,采用"煮"这样的单一烹饪手段来处理不同的食物原料,恰恰展现了重庆这座城市的兼容并包。

 重庆火锅的制作

1. 火锅底料的炒制

（1）原料:

牛油、色拉油、菜油、郫县豆瓣、白酒、醪糟、干辣椒、生姜、大蒜、花椒、豆豉、冰糖、辣椒面、大葱、白扣、草果、三奈、丁香、砂仁、香果、孜然、桂皮、甘草、枝子、排草、甘松、陈皮、筚拨、香茅、八角、香叶、千里香、小茴香、香草、八角、紫草、公丁香等。

（2）制法：

 配料准备

- 菜油先炼熟；
- 牛油切成小块；
- 郫县豆瓣剁细；
- 干辣椒入沸水锅中煮约2分钟后，捞出绞成蓉，即糍粑辣椒；
- 生姜拍破；
- 大蒜去皮剥成瓣；
- 大葱挽结；
- 冰糖敲碎；
- 八角、三奈、桂皮掰成小块；
- 草果拍破。

炒制酱料

- 炒锅置中火上，炙锅后倒入菜油烧热，放入牛油熬化；
- 投入生姜、蒜瓣、葱结爆香；
- 下入郫县豆瓣和糍粑辣椒，转用小火慢慢炒约1—1.5小时；
- 至豆瓣水汽炒干、香气四溢且辣椒微微发白时，拣出锅中葱结不用。

 熬制香料

- 随即下入八角、三奈、桂皮、小茴、草果、紫草、香叶、香草、公丁香等；
- 继续用小火炒约15—20分钟，至锅中香料色泽变深时，下入冰糖、醪糟汁，用小火慢慢熬至醪糟汁中的水分完全蒸发，这时将锅端离火口；
- 加盖焐至锅中原料冷却，即成火锅底料。

2. 火锅汤料的调制

（1）原料：猪棒子骨、牛棒子骨、鸡架骨、生姜、大葱、料酒等。

（2）制法：

①猪棒子骨、牛棒子骨洗净后敲破；鸡架骨洗净；生姜拍破；大葱挽结。

②先将猪棒子骨、牛棒子骨、鸡架骨放入冷水锅中焯一水，捞出放入清水锅中，加入生姜、大葱、料酒，用大火烧开后，转用小火熬至汤色乳白，打去料渣不用，即得鲜汤。

火锅汤料和底料有什么关联呢？一般来讲，需要根据个人口味按照一定比例将汤料和底料进行混合熬制。正宗的重庆火锅从辣的程度上分为微微辣、微辣、中辣、特辣几个不同的口味，底料加得越重，辣的程度越高，甚至还可以在汤料与底料混合熬制中单独添加干辣椒。而火锅中的清汤其实是人们在使用过程中结合汤锅进

行的些许改变。严格地讲，重庆火锅就是只有红汤的。食用时因火锅持续沸腾，锅内水分挥发快，但底料在持续沸腾的过程中，各种佐料的味儿会逐渐释放出来，所以，在食用过程中往往需要不断添加汤料，但一般不会再添加底料。

3. 火锅的经典食材——毛肚与千层肚

重庆最初就是一个码头城市，江边成为屠宰牛羊的主要场所，各种内脏既营养又便宜，其中毛肚稍加涮烫就能产生脆嫩化渣的极佳口感，大受穷苦纤夫欢迎，于是成为当时火锅的主要食材，至今仍是川渝火锅中销量最大的菜品之一。我国的毛肚消费主要是以重庆火锅为代表的涮烫类菜品。

重庆火锅中的毛肚是牛胃的瘤胃部分。牛是复胃反刍动物，有瘤胃、网胃、瓣胃和皱胃4个胃室。瘤胃的胃壁由内至外是黏膜层、黏膜下组织层、肌膜层和浆膜层，其中肌膜层最为发达，由内环行肌和外纵行肌两层平滑肌组成，该层是毛肚的主要食用部分。瓣胃其实就是百叶，由于瓣胃里面的一层呈叶片状，所以被人们称为百叶肚或千层肚。

毛肚和千层肚都富含蛋白质、脂肪、钙、磷、铁硫胺素、核黄素、尼克酸等营养元素。其性味甘平，色泽有的洁白，有的为深浅不一的褐色，口感脆爽，易于消化；具有补益脾胃、补气养血、补虚益精、消渴、风眩

等功效；适于病后虚羸、气血不足、营养不良、脾胃薄弱之人食用。但由于其含有较高的胆固醇，所以也不适宜食用过多。

火锅的营养价值

（1）涮菜的过程中可以去除蔬菜中的部分草酸、亚硝酸盐和农药，虽然损失一部分维生素 C，但也减少了抗营养因素和有毒物质。

（2）火锅通常有多种绿叶蔬菜，有多种豆制品原料，有海带等藻类，有蘑菇等菌类，有薯类，有蛋类，有鱼类等多种肉制品。相比之下，食用火锅时，食材种类更加丰富，更容易均衡营养。

（3）火锅的油碟可以放芝麻酱，它是非常健康的一种调料，富含钙和维生素 E。重庆火锅的油碟使用香油加蒜泥调合而成，加入的蒜泥具有杀菌作用，所以一般不会出现细菌感染。

实践作业

1. 请为你的家人做一份独特的小火锅。

2. 易中天曾说："火锅不仅是一种烹饪方式，也是一种用餐方式；不仅是一种饮食方式，也是一种文化模式。"随着时代的不断变迁，重庆火锅的结构、用材、造型、器具都在不断发生变化。请从火锅的名字、涮烫方法、造型、搭配、创新等方面来调查和发扬重庆火锅的艺术化，撰写调查报告或制作宣传海报。

药食同源与药膳制作

号称"重庆第三张美食名片"的李子坝梁山鸡选取正宗土鸡，采用大蒜、老姜、大葱、泡椒等多味香料，再配以上乘的当归、沙参、大枣、枸杞等中药材，以祖传秘制配方焖制而成。既有鸡肉的鲜香，又不乏中药材的滋补功效，乃解馋进补的佳品。中药材如何能进入普通餐桌？它与传统的食物如何搭配？又有怎样的功效？

课题聚焦

◎什么叫药食同源？

◎生活中常见食物的药效？

◎如何制作营养美味的药膳食物？

药食同源的概述

中医素有"药食同源"之说，即许多食物既可食用，又可药用，二者并无绝对的分界线。中医认为药具有"四性"：寒、热、凉、温，"五味"：酸、苦、咸、甘、辛，而医药与饮食属同一起源，因此食物也具有"四性""五味"。当它用于食用时，称为食物，当它用来治病时，便被称为药物。生活中绝大部分的食物兼具食用性和药用性，因此叫作药食同源。

上古时代，药即为食，食即为药，随着火的使用与经验的积累，药与食开始出现分化。与此同时也衍生出了"药疗"和"食疗"两个分支。唐朝时，《黄帝内经太素》一书中曾描述道："空腹食之为食物，患者食之为药物"，体现了"药食同源"的思想。在中华民族 5000 年的历史发展长河中，辛勤的劳动人民在寻找食物的过程中发现并总结了各种食物的性味和功效，为"药食同源"的研究和应用打下基础。

中药与食物的关系

中医药学认为：药物源于自然，即所有的动植物、矿物质都属于中药范畴。同时它们也是人类食物的组成成分，因此，中药和食物本为同源。比如：蜂蜜、柚子、杏仁、萝卜、核桃、大枣、百合、山楂、大蒜、莲子、枸杞、橘子、花椒、南瓜子等等，我们既可在寻常百姓的餐桌上发现它们的身影，也可在中医药方中看到它们的存在。

虽说"药食同源"，但二者还是存在显著的区别。中药的药劲儿大，针对性强，用法正确用量得当时，对具体症状有明显的治疗效果，然而，如果过量食用或错误使用，则可能出现明显的副作用。与药物不同，食物不具有迅速而突出的治疗效果，搭配不当也不会立刻产生明显的副作用。但一年四季，一日三餐我们都离不开食物，因此机体的平衡或多或少会受到食物的影响，日积月累，最终量变引起质变。由此可见，日常生活中的食物搭配显得尤为重要，适宜的搭配可使人体营养均衡，身体强健，而搭配不当轻则导致营养不良，更有甚者会使人身体每况愈下。

药食同源示例

马铃薯

马铃薯，为茄科一年生草本植物的块茎，又称为洋芋、土豆、山药蛋等。原产于南美，由于便于种植、淀粉含量高，现已成为全球四大粮食作物之一。马铃薯性味甘平，具有

益气健脾、消炎解毒之效，对消化道炎症、腹痛、便秘等有缓解作用。马铃薯营养价值较高，含有淀粉、蛋白质、无机盐以及多种维生素，口感细腻，烹饪方法多种多样。同时，马铃薯中还含有一些有毒的生物碱，如卡茄碱和茄碱等糖苷生物碱。虽然这些有毒物质在马铃薯中含量极低，正常食用不会产生不良反应，但发芽、变绿、溃烂的马铃薯将合成并聚集大量的糖苷生物碱，若不慎食用，可能导致中毒现象。

小白菜

　　小白菜，为十字花科 1—2 年生草本植物，又称青菜、瓢儿菜。原产于中国，且在我国栽培十分广泛，是寻常百姓餐桌上最常见的食物之一。小白菜性味甘平，微寒，具有清热解毒、利尿生津的功效，适用于食积、肺热咳嗽等症。小白菜是蔬菜中维生素和矿物质含量最为丰富的品种之一，其钙含量在蔬菜中名列前茅，是防治儿童佝偻病的理想蔬菜。此外，小白菜中富含具有缓解神经紧张的各种维生素，因此在大型考试或竞技比赛前宜适量食用小白菜。但小白菜属凉性食物，因此脾胃虚弱者不宜多食、冷食。

枇杷

　　枇杷，为蔷薇科木本植物，又称金丸、芦橘。原产于中国，广泛种植于寻常百姓的庭院内，因叶形似乐器琵琶而得名，又因开花于深秋至初冬，成熟于晚春至初夏，独具四时之气者。枇杷性甘凉，微酸，具有止咳祛痰、润肺生津之效，可用于口渴咽干、声音嘶哑等症状。成熟的枇杷含有丰富的果糖和各种维生素，是日常食用的佳品，但脾胃虚弱者不宜多食。其叶常与其他植物共同入药，制成复方枇杷膏，同时，枇杷种子中含有氰化物，误食可能将导致中毒。

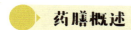 药膳概述

药膳是以传统药物和普通食物为原料，烹饪出的具有食疗效果的膳食。既美味又具有一定的药用价值。

药膳食物示例

三参三石，十里桃花飘香汤。

1. 功效：
养肝明目，清热解毒。

2. 所需材料及对应功效：
川党参：健脾、补中、益气、益肺。

西洋参：生津、清热、滋阴补气。

沙参：滋阴生津、清热凉血、止咳润肺。

石决明：清热明目，由鲍科动物的贝壳磨制而成。

铁皮石斛：含有多种维生素、矿物质和植物多糖黏胶质，可提高人体免疫力，同时对于肺热咳嗽有一定功效，还有助于消化能力的提高。

石菖蒲：化痰开窍、化湿行气、祛风利痹、消肿止痛。

桃花：利水、活血、通便。

排骨：不仅含有丰富的蛋白质、脂肪，还含有维生素、骨胶原、磷酸钙等，既可提供多种营养又可使汤味鲜美可口。

3. 所需各种材料及比例：

川党参：西洋参：沙参：石决明：铁皮石斛：石菖蒲 =10:3:5:2:10:1

桃花：少量

中药材：汤水（排骨）=1:20

4. 具体烹饪方法：

第一步：石决明煎水。将石决明放入水中，沸腾后小火熬制 10 分钟左右，静置一段时间，取上清液备用。

第二步：洗净三参，温水浸泡 2 小时。

第三步：排骨焯水，加入第一步中的石决明水，微火慢炖约 20 分钟。

第四步：加入三参及铁皮石斛，炖煮 20 分钟。

第五步：加入石菖蒲熬制 10 分钟。

第六步：汤离火起锅之后撒入桃花瓣。

实践作业

1. 举例说出其他具有药用价值的食物 2~3 种。

2. 分组烹饪制作"三参三石，十里桃花飘香汤"。

饮食文化

　　谈到美食，更多的人可能想到的是食物对味蕾的刺激，使用了什么样的食材，做出的食物具有什么样的口感和口味。其实美食不应该仅是讲究其食，更重要的还要讲究其美。中华文明五千年，中华饮食文化也随之源远流长而变得博大精深。中国人对"吃"特别讲究，我们"吃"绝不仅是一日三餐为了解渴充饥，而早已超越了"吃"的本身，在"吃"的过程中往往蕴含着一些认识事物、理解事物的哲理，或者借"吃"的这种形式表达一种丰富的心理内涵，甚至把"吃"作为当下一种不可或缺的社交形式。孔子曾说："食不厌精、脍不厌细。"这无疑是反映了先人对于饮食的精品意识，这种意识就是中华饮食文化的一种重要体现形式，越来越广泛和深入地渗透到我们的饮食活动过程中，从配料、烹饪到命名乃至饮食环境都处处体现出"精"字。此外"美""情""礼"也是中华饮食文化内涵的重要体现，它们和"精"共同反映了饮食与文化的完美结合。

这个专题重在对饮食的"品"，品饮食的色香味，品饮食的文化，品饮食的内涵。

菜品命名的艺术

问题探讨

2018 年，"麻婆豆腐"被评为"中国十大经典川菜"之一，深受人们的喜爱。从菜品的名字你能说出这道菜里面采用了哪些主材、辅材，以及使用了怎样的烹饪方式吗？你知道有关这道菜菜名流传的经典故事吗？

课题聚焦

◎菜品命名的由来是什么？

◎有哪些常见的菜品命名方式？

◎菜品命名的一些基本原则是什么？

◎你能尝试对一些菜品进行特殊意义的命名吗？

菜品命名的由来

　　每道菜品都应该有一个相应的菜名，通过菜名能够反映出该菜品的主要特征。最早的菜品命名是很笼统的，主要是根据不同区域地理、气候、历史及饮食风俗的不同，经过漫长历史演变而形成的独特的烹饪技艺和独树一帜的风味，从而命名为不同的地方菜系。早在春秋战国时期，中国饮食文化中南北菜肴风味就表现出了明显差异。到唐宋时，南北饮食各自形成自己的体系；到了宋代，南甜北咸的格局形成；到了清代初期，粤菜、川菜、苏菜、鲁菜，便成为当时中国最有影响力的几个地方菜，被称作"四大菜系"；到了清代末期，闽菜、浙菜、徽菜、湘菜四大新的地方菜系又分化形成，这样就共同构成了汉民族饮食的"八大菜系"。

但是上述八大菜系这样的命名仅仅体现了菜品的所属区域，不能直观地反映出菜品本身的特征，如原材料、辅料、口味、烹饪方式等。在当今饮食文化中，我们的菜品命名需要对饮食者产生视觉和心灵上的强大冲击力，引发丰富的联想，让饮食者闻其名就能懂其意、知其味。所以我们现在在各种大大小小的餐厅都能见到很多独特的、富有想象的、让你过目难忘的菜名，这样既能吸引消费者的眼球而选择品尝，也能让消费者更全面、深入地了解该菜品的特点，在大快朵颐之后而念念不忘。

常见的菜品命名方式

1. 具有典故的命名

万三蹄是有名的传统苏菜之一，起源于苏州富商沈万三家，是其家中招待贵宾的主要菜品，利用带皮的猪肘制作而成，肥而不腻，咸中带甜。相传明初朱元璋称帝，全国都避讳说"猪"（朱）字。当时苏州商人沈万三，富可敌国，朱元璋很是嫉妒，准备去沈万三家走访一趟。沈万三见皇帝驾到，便用家中自制的猪肘子盛情招待。朱元璋见沈万山居然敢用"猪"蹄膀招待他，于是故意刁难："这整个蹄膀，没有切开怎么吃呀？"沈万三听后一愣，心想：肯定不能用刀切（古时是不能在皇帝面前使用凶器的），那他肯定小命难保。于是他灵机一动，从蹄膀中抽出一根细骨切肉。朱元璋见状继续发难："这道菜味道不错，叫什么名字呀？"沈万三又被难住了，总不能说是猪（朱）蹄膀呀！突然，他猛地一拍自己的大腿："这是我们家的万三蹄！"这样沈万三既保住了小命，又创造了猪肘的传统吃法，万三蹄也因此而得名。

佛跳墙属于闽菜系，是福建省福州的一道名菜。这道菜的奢华程度你可能难以想象，它的原材料有十几种山珍海味：鱼翅、墨鱼、海参、鱼唇、瑶柱、牦牛皮胶、花菇、蹄筋、鹌鹑蛋、杏鲍菇等，有的还会加入鸡肉、鸭肉，甚者鲍鱼只用"九头鲍"，海参只用"辽参"。这些原材料全部汇集到一起，加入高汤和绍兴酒，文火煨制十几个小时以上。相传在制作此菜时，隔墙

佛跳墙

有寺，一和尚闻到香味，从隔壁寺院翻墙而入，痛快食之，从此这道菜品便有了"佛跳墙"这个名字。也有传说，清朝道光年间，福州东街有一家"三友斋"菜馆，一群文人在聚会的筵席上品尝了此菜，品后纷纷叫好，有人当即吟诗："坛启荤香飘四邻，佛闻弃禅跳墙来。""佛跳墙"由此得名。

2. 利用菜品的主材、辅料、烹饪方式、口味等特征命名

（1）利用烹饪方式 + 主材命名

如：红烧牛肉、清蒸鲈鱼、炝炒空心菜、凉拌鲫鱼、白灼基围虾等。

（2）利用主材 + 辅料命名

如：竹笋鸡、番茄排骨汤、辣子鸡、姜爆鸭等。

（3）利用口味 + 主材命名

如：麻辣牛肉、糖醋里脊、蒜香排骨、咖喱牛肉等。

3. 利用地名（或人名）+ 主材命名

如：北京烤鸭、东坡肉、邮亭鲫鱼、麻婆豆腐、广式香肠等。

思考：结合以上菜品命名方式，你能再各举几个实例吗？

4. 具有特殊寓意的菜品命名

此外有些菜品的命名除了上述几种写实性的命名方式外，也有的是以诗歌、名句、俗语等命名，强调菜肴的艺术性，赋予其诗情画意；还有的是取其菜品的特殊形态或原材料的谐音，从而赋予一个有特殊含义的菜名。这样使消费者在点餐时可以根据他们精神层面的需求而选择与此相符合的菜名。

菜名：开门红

实质：剁椒鱼头

菜系：湘菜

寓意：红红火火

菜名：四喜丸子

实质：四个色、香、味俱佳的肉丸

菜系：鲁菜

寓意：通常指福、禄、寿、喜四大喜事

菜名：比翼双飞

实质：蓝莓味和卤香味的鸭脯肉

菜系：粤菜

寓意：新郎新娘在以后的生活中比翼双飞，同甘共苦，富贵同进

菜名：夫妻肺片

实质：牛心、牛舌、牛肚、牛头皮等
先经过卤制，再切片浇上调料制成

菜系：川菜

寓意：家庭美满、和和美美

　　这种命名方式固然有它特殊的用途，因此有些餐厅为了吸引顾客，也对他们的菜品进行了一些特殊的命名。如把辣椒炒猪拱嘴命名为"火辣辣的吻"，把菠菜炒木耳叫"波黑战争"……这样的一些菜品命名虽新颖，但不雅致，不能体现出"精""美"。菜肴命名应从事物的客观特征出发，既能反映出内在本质，又能表达出人们对饮食的美好感受和美好愿望，力求命名雅致得体、格调高尚、雅俗共赏、音韵和谐、文字简短、朴实大方，不可牵强附会、滥用辞藻，此外还能突出地方特色和民族风味。

实践作业

1. 请同学们为我校高考考生编制一个有特殊寓意的"高考加油菜谱"。
2. 请同学们为重庆火锅赐予一个新的具有特殊寓意的名字。

菜品摆盘的艺术

作为食物，除了营养和味道，你还会关注什么呢？糯米丸子是重庆人生活中常见的一道菜肴，荤素搭配，营养丰富，制作也比较简单。同样的一道菜——糯米丸子，左图有两种不同的摆盘，哪一种更能引起你的食欲，更容易被你选择？为什么？

如何才能让一道健康美味的食物引起人们的食欲，带来味觉和视觉的双重享受？

课题聚焦

◎食物摆盘的重要性？

◎菜肴摆盘的基本原则和方法是什么？

◎如何制作精美的摆盘？

食物摆放精致美观是烹饪的亮点之一，从中国古代餐饮史上栩栩如生的雕工，到如今各式各样精美的摆盘、点缀，食物摆放已经不局限于饮食领域，俨然成了一种艺术形式。

现代人除了对食物安全、营养、美味的追求，对食物本身的视觉也是越来越重视。所以大家在选择食物时对摆盘有了更高的期待，期望菜肴具有浓厚的艺术气息，给人视觉上的享受，当然，食物本身也不能忽视。

食物摆盘的基本原则

（1）简洁之美。选择一个主要食材作为焦点，减少烦琐的装饰，强调菜肴原本的形态与不俗的口感，方能凸显出菜品自身的整体魅力。

（2）平衡之美。不同的颜色、形状和质感协调、搭配，各类食材分量适宜，餐盘大小与菜量搭配适中，主菜与配菜、装饰搭配和谐，严格做到一道菜肴的外观必须服从其口味和功能。

（3）层次之美。主菜与配菜需在分量、色泽、摆放位置上有所区分，体现出不同的层次、美感。

食物摆盘的简易方法

1. 选择美观、新奇的器皿

现代的菜肴早已不局限于用碗或者圆形的盘子来盛装。选择一种合适的器皿，可以让摆放的菜肴更加美观得体，令人大快朵颐。

人们一般都喜欢选用素净的器皿来衬托食物的丰富色泽，特别是白色。此外，还可选择各种各样形状和风格的器皿，令人眼前一亮、趣味盎然的餐盘，或自己制作的器皿：一片大的荷叶、芭蕉叶，一个挖空的红椒、西红柿、菠萝、火龙果等。

同时还要考虑器皿本身的大小和材质对于该食物是否适宜。

2. 利用美观而有趣的装饰物

在众多文化中，
花象征美好，许多花
除了形态美观、颜色
艳丽还能食用，所以
花是一种较好的菜肴
装饰品。在食物底部

或旁边放一片装饰性的植物叶片也不失为一种好的方法。

另外，利用食材制作一些小的装饰物也是很好的摆盘思路。比如：用
黄瓜制作的小桶，或番茄制作的金鱼等，使整个菜肴灵动有趣。

3. 巧妙的切工或摆放

再精美的盘子或装
点，如果食材本身形状、
大小不一，摆放乱七八
糟，也很难给人以美的
感受。不同的食材经过
不同的刀工切割，使之
具有不同的形状、大小，
能使口感更佳，使其锦
上添花。比如，用冰激

凌勺将水果做成半球形或球形比直接切块在视觉上有更强的吸引力。

4. 合理使用酱汁

食物大多数是固体，如果搭配液体的酱汁会带来更加丰富的视觉和味
觉体验。此时首先考虑酱汁的颜色和口感。如果食材和酱汁颜色相近，看
起来就会非常单调，索然无味，没有食欲。所以，要尽量选择色彩对比度

较高的酱汁，这样便可以相映成趣。

酱汁可以是烹饪菜肴时本身收汁产生，也可以是现成的沙拉酱、千岛酱、巧克力酱、果酱等，需要根据食材的特点进行选择。

5. 充分利用配菜

肉类菜肴通常需要搭配素菜，既可满足营养需求，又可使菜肴清新美味。搭配什么配菜，分量多少？在配菜的种类和分量方面，首先要考虑怎么能使主食和配菜相得益彰，同时还要考虑放在盘子或菜肴的哪个位置才能看起来最适宜，达到最好的视觉效果。配菜本身的外观受到食物切法的影响，切厚还是薄，切丝还是片，或者将配菜整体放置，都会带来不一样的效果。这需要进行多种尝试，摸索出最好的方法。

> **实践作业**
>
> 1. 请同学们关注身边菜肴的摆盘，至少拍摄两种不同类型的摆盘与同学分享。
>
> 2. 为老师提供的一道已知食材和烹饪方法的菜肴，设计一个精美的摆盘并相互点评。

菜品的深度美化——分子料理

问题探讨

在图是利用当前最流行的分子料理技术制作的蓝莓鹅肝酱鱼子。如此精致的美食或许只有吃到你嘴里那刻你才恍然大悟，鱼子竟是水果味的，蓝莓还有着脆脆的外壳……你所食并非如你所见的，其中有何奥秘呢？

课题聚焦

◎什么是分子美食？

◎分子美食有哪些技术？

◎如何制作一款分子美食？

分子美食概述

分子美食又称作分子料理，就是用科学的方式去理解食材分子的物理或化学变化和原理，然后运用所得的经验和数据，把食物进行再创造。

生活中处处有科学，更何况是被人们引以为天的"食"呢？在日常烹饪的过程中，食材分子内部都在发生各种复杂的化学反应，只是我们没有注意。分子美食学的初衷，就是使用实验的方法找出食材背后所蕴含的物理、化学，以及生物学的机理。所以它的创立者并非厨师，而是匈牙利一位物理学家和一位法籍化学家。分子料理是目前世界较为科学的料理方式。主要表现在：一是制作方式精细化、科学化。在分子美食的厨房里我们能找到像量杯、电子勺秤、真空机、旋转蒸馏器这样的实验装置。对食材配料用量及处理的温度、pH值等进行严密而科学的把控。每一道菜的制作过程都是经过严格计算和上百次的实验。另一方面，分子美食的呈现效果具有创新性、艺术性。分子料理的魅力在于对食物进行解构和重构。用一种全新的方式诠释熟悉的味道。可以说分子美食超越了我们的认知和想象，可以让食物不再单单只是食物，而是成为视觉、味觉，甚至触觉的新感官刺激。

 分子美食的主要技术

1. 泡沫技术

泡沫技术就是先在液态食材中加入卵磷脂，再经高速搅拌产生出细腻而浓密的泡沫的技术。例如，巧克力云的制作。方法是将巧克力用水融化，冷却后，加入适量的大豆卵磷脂，再用电动打蛋器打出泡沫，将泡沫在冰箱中冷冻 1 小时。这样的处理后的巧克力外观上疏松多孔像轻盈的云一样，带来入口即化的口感。

2. 球化技术

球化技术需要两种重要材料，海藻胶和氯化钙，海藻胶是从海带等海藻中提取的一类多糖物质，遇热融化，是安全无毒的，是常用的食品添加剂。它可起到包埋的作用。球化技术可以分为正向球化技术和反向球化技术。正向球化就是在果汁中加入海藻胶，然后再用注射器将其滴入 $CaCl_2$ 溶液中，海藻胶包裹果汁形成凝胶珠，凝胶珠遇到钙离子，形状和结构进一步稳定下来，形成一颗颗类似鱼子的小颗粒。反向的做法是将含钙质的果汁用模具在冰箱中冻成球，再放入海藻胶溶液中，冰冻球的表面会形成胶质，而里面的果汁还保留液体状态。这种方法做出来的球体会比较大，比如常用来做装饰的杞果蛋黄就是用反向球化技术制作。

3. 低温慢煮技术

低温慢煮技术是以科学化研究，找出每种食材的蛋白受热爆破温度范围，从而计算出爆破温度以内，用多长的时间把食物煮熟最好的烹饪技术。这种技术较适合烹饪三文鱼、鹅肝、牛肉等对口感要求较高的食材。这种方法处理牛排时，先将牛排密封在真空袋中，再以 65℃水浴处理 45 分钟至 1 小时。在这样低温处理的过程中，蛋白纤维没有被破坏，水分损失少，维生素被破坏程度小，同时口感柔软多汁，比用嫩肉粉处理肉类更加健康。

4. 液氮技术

你看过大街上烟雾缭绕的冰激凌吗？这就是利用液氮制造 −196℃的低温，将食材迅速冷却，改变材料的质地，将液体变成固体。利用液氮可以制作冰球、冰沙、食物脆皮等。利用液氮对鲜奶油进行处理，使其变脆，能减少甜点中的甜腻，利用液氮创造一种意境也是大厨常用的方式。此外分子料理还有透明技术、烟熏技术等。

▶ 利用球化技术制作"西瓜鱼子"

材料用具：海藻胶、$CaCl_2$、西瓜汁（也可用葡萄汁）等色素含量高的果汁（注：现榨果汁需过滤）、量杯、电子勺秤、漏勺或注射器。

图 1 分子料理材料及用具

图 2 "西瓜鱼子"成品

操作步骤：

（1）用电子勺秤称取海藻胶 0.8 克，量取澄清西瓜汁 100mL，将海藻胶倒入西瓜汁中缓慢搅拌直至其充分混合为止，要慢慢不停搅拌。

（2）另取一个烧杯，称取 1.5 克 $CaCl_2$ 于烧杯中，加水 200mL，混合均匀。

（3）用漏勺或注射器将果汁逐滴滴入 $CaCl_2$ 溶液中，注意注射器推进的速度。

（4）做好的西瓜鱼子捞出，用清水冲洗后浸泡几小时即可。

实践作业

1. 分组制作"水果鱼子"。

2. 了解体验身边的分子料理店，对分子料理在餐馆中的应用提出可行性建议。

清明节传统饮食文化

问题探讨

同学们一定很熟悉《清明》这首诗吧，清明节气，降雨增多，有时阴雨绵绵，旧俗寒食焚火，所以清明节前后下的雨叫作"泼火雨"。而诗人在清明这天就是碰上的"泼火雨"。清明节也有很多传统美食，如唐代大诗人白居易就特地为青团做过一首诗，"寒食青团店，春低杨柳枝。酒香留客在，莺语和人诗"。

除此之外，你还知道清明节的哪些习俗呢？其中哪些是和清明节有关的饮食文化呢？

课题聚焦

◎清明节的由来？

◎清明粑如何制作？

▶ 清明节简介

清明节、端午节、中秋节与春节并称为中国四大传统节日。2006 年 5 月 20 日，文化部申报的清明节经国务院批准列入第一批国家级非物质文化遗产名录。

每年的 4 月 5 日是清明。清明，既是中国的传统节日，也是二十四节气之一。作为时令，它由来已久，汉代就有"清明风至"的说法；作为节日，它在寒食节之后，唐代才开始形成，有祭祖、扫墓的习俗。

古代劳动人民根据二十四节气确定耕作时间，主要是因为二十四节气相对客观地反映了全国四季气候、降雨等方面的变化规律。清明一到，全国气温开始回升，降雨量开始变多，是耕作的好时节。因此就有了"清明前后，点瓜种豆""植树造林，莫过清明"等许多与农业相关的谚语。由此可见农业生产和这个节气之间与有着密不可分的关联。

在许多地方清明节也被叫作踏青节，清明节时处仲春与暮春相交之际，是进行祭祀活动最重要的节日，清明祭祀在我国已经存在2500多年之久。这一天，人们会对已逝的亲人、祖先、先烈等献上自己的思念和敬意。这种神圣的生者与亡者之间生命交流仪式，每年重复轮回而且代代传承，是生者顽强生存下去和追逐幸福生活的动力之一。

清明节存在至今的重要意义在于，这个节日通过聚会、风俗习惯的形式，将中华民族千年传承下来的民族精神紧紧团结在一起。

清明节的传统饮食文化

自从寒食节与清明节变成了一个节日，许多地方就形成了清明节吃冷食的习惯。寒食食品包括寒食粥、寒食面、寒食浆等；饮品有春酒、新茶、清泉甘水等数十种之多。晋南地区民间习惯吃凉粉、凉面、凉糕等等。晋北地区习惯以炒奇（面食）作为寒食日的食品。

晋中地区至今保留着在清明前一天严禁用火的习俗。晋南地区的人一到清明，就用白面做大饼，中间夹豆子、核桃、枣儿等食物，造型呈龙形，放一枚鸡蛋在龙身中间，称为"子福"，寓意家里人幸福团圆。

一些地区在清明节还有吃青团的习惯，青团在不同地区又被叫作清明饼、清明粑、清明团子、艾叶粑粑、清明果等等。清明这天，许多地方有一个习惯，同一宗祠的人家会聚在一起办社酒，即使是那些没有宗祠的人，也会被邀请和同一高祖下的各房子孙在一起办家宴。桌上的美食，鱼肉是主要的荤食，豆腐青菜是主要的素菜配料，再配上自家酿制的甜白酒，在祭祀祖先的同时，又享受了美食。

清明节传统吃食制作

1. 清明菜的简介

　　清明菜，取自菊科植物鼠曲草嫩茎叶获取自其地上部分，全国大部分地区都有分布。一年生或二年生草本，高 10~50 厘

图 1　清明菜

米。茎秆笔直，通常情况下不分枝，茎上布满白色绵毛。叶为互生型，倒披针形或匙形叶片，叶片基部逐渐变狭长，下延抱茎，叶片两面长有白色绵毛。花为头状花序，色泽金黄，周围雌花，中央为两性花。瘦果长圆形。花期 4—6 月，果熟期 8—9 月。这种药用植物具有祛风解表，化痰止咳等功效。

2. 油煎清明粑制作步骤

　　（1）清明菜清洗干净。

　　（2）控干水分，切碎。

　　（3）将清明菜加入鸡蛋、面粉混匀。

　　（4）放入油锅炸至金黄。

3. "青团"制作流程

　　（1）原材料：清明菜、糯米粉、黄豆粉、豆沙、枸杞子、粽叶等。

　　（2）器具：蒸锅、蒸屉、和面容器、桌布、一次性手套，天平、瓷盘、小勺等。

　　（3）步骤：①先将嫩艾叶、清明菜捣碎（或用榨汁机）取滤液，掺入糯米粉、红薯粉中，做成呈碧绿色的面胚。

②将面胚分成面团，每个面团重量控制在75克左右，先揉捏成长条状，再挨个压扁，随后根据个人口味包入不同的馅料，收口后搓成圆球形状，这时做成的是青团生坯，若要色泽搭配还可在顶上点缀枸杞。

③在蒸笼里铺粽叶或叶片较宽大的菜叶，将制作好的青团生坯上锅蒸15分钟左右即可出锅。

实践作业

1. "踏青"并调查清明节前后常见药食同源植物种类，并绘制药用植物自然笔记或制作药用植物标本。

2. 了解我国其他传统节日习俗及饮食文化，如探究端午节的习俗及饮食，完成"悠悠粽子香 浓浓端午情"的综合实践活动报告。

端午节传统饮食文化

每当农历五月初五，民间都会不约而同地端出一种佳肴与亲朋好友共尝，这种佳肴美食，就是我们耳熟能详的"粽"。粽是指用苇叶或竹叶把糯米包成三角锥状或条状的食品，它和中国历史上伟大的爱国诗人屈原又有什么关系呢？端午食粽的习俗又是怎样在这数千年之间传承下来，又变为如今的传统文化的呢？

课题聚焦

◎粽子在中国传统文化中有怎样的地位？

◎粽子、端午与屈原之间有怎样的关系？

◎如何制作粽子？

粽的文化

粽能够传承千年，首先，自己的名字得有文化。"粽"字的构成解释为与传"宗"有关的食物，"粽子"谐音"宗子"，也就是说吃粽子是祈求传宗接代，这样的说法不仅赋予粽子美好的寓意，也表明不忘其祭祀功能的"初心"。后来在粽子里包红枣、栗子，以及用彩线串成"九子粽"等都是这一说法的延伸。

其次，粽子还将自己的制作方法揉进了中国传统的阴阳观念。因为黍又名"火谷"，火属阳，菰叶水生，属阴，所以是"阴阳尚相裹，未分散之时象"。粽叶的"阴"和米的"阳"相互转化、互为消长，复杂而有动态的变化。

自此，原本普通的粽子正式跻身于"文化粽"的行列。

历史上最早关于粽子的记载，是汉代许慎的《解文说字》。"粽"字本作"糉"，芦叶裹米也。从米，葼声。直到西汉时期，才把粽子最早作为端午的节庆食物。南朝梁文学家吴钧在《续齐谐记》中描述说道："屈原五月五日投汨罗而死，楚人哀之，每至此日竹筒贮米，投水祭之"，而根据其说法，为了防止屈原之米为蛟龙所窃，则使用楝叶、绿丝等蛟龙惧怕植物包裹。这就是最早将屈原与粽子联系起来的文学记录。

南北朝之后，民间便开始流传着粽子源自百姓祭奠屈原的说法，传说在屈原投江之后，百姓们为了免让鱼虾侵蚀屈原的尸体，纷纷将米粮投入江中；而为了避免蛟龙食去米粮，用艾叶与五色绳包裹则可保得米粮周全——这就有了后来的粽子。

如今，粽子的起源究竟与屈原投江有没有关联已经无从考据，然而不得不说的是，粽子与屈原以及端午，都已经深入广大人民的心中。

粽的创新与发展

内容物创新，形状也创新。

粽子的内里也早已不只是小米或大米，开始增加了糯米，而且其中还加入了枣、糖、松子、栗子、胡桃、姜桂、麝香之类的多样食材，甚至还出现了杨梅粽、蜜饯粽。

总的来说，根据地区的习俗已经口味不同，粽子形成了南北风味，其中北方粽子多为甜粽，其馅料以枣类为主，食用时需要配合白糖或者红糖蘸取使用，以北京枣粽最为流传；而南方粽子多为咸粽，以绿豆、五花肉、豆沙、八宝、火腿、蛋黄、冬菇等多数馅料著称，其中以广东咸肉粽最为出名。

在古代的中外饮食文化交流中，粽子早已流传到日本、朝鲜、马来西亚、泰国、越南、柬埔寨，甚至墨西哥。原料、粽叶、造形等均取自当地特色，比如墨西哥的"粽子"就是用玉米苞叶或香蕉叶包裹玉米糁，再放入肉片和辣椒末而成，有一百多个花色品种。

粽的制作

材料：粽叶，糯米，小苏打，棉线，红豆，花生，蜜枣等馅料。

（1）将糯米、花生、红豆洗掏干净；并将馅料先用清水浸泡备用；

（2）再将采摘下来的粽叶冲洗干净；

（3）将糯米撒上少许食用小苏打，再将花生、红豆等馅料倒入糯米中搅拌均匀；

（4）开始包粽子：将粽叶包裹成尖桶装，将混匀的糯米倒入粽叶桶内；

（5）将粽子包好并进行修剪；

（6）用高压锅将包好的粽子煮熟，即可食用。

注意：粽子的主要原料是糯米，食用的时候不易消化，因此一定要适量食用，否则容易导致消化不良与肠梗阻。

实践作业

1. 和家人一起分享自己包的粽子。
2. 查询资料，查找端午节的其他习俗，与班级里的同学一起分享。

餐桌上的礼仪

问题探讨

中华饮食，源远流长！作为中国人，吃了十几年甚至几十年的中餐，你知道，现在中餐礼仪有哪些吗？西餐文化传入中国，受到很多国人的欢迎，你知道，基本的西餐礼仪有哪些吗？宴请宾客时与赴宴用餐时，分别有哪些讲究呢？

课题聚焦

◎有哪些入离席的礼仪？

◎有哪些用餐时的礼仪？

◎中西方用餐礼仪有哪些区别？

餐桌礼仪，是指用餐时餐桌上的礼仪规矩。据文献记载，早在周朝餐桌礼仪已有一套完善的制度。餐桌礼仪在中国人的生活中占据着一个非常重要的地位。用餐不单单是满足基本生理需要的方法，也是十分重要的社交经验。

入离席礼仪

几千年的餐桌礼仪，入席礼仪是其中重要的一个环节。主人书写请柬邀请宾客，宾客将要到来时主人应在门外迎接客人。宾客到后，相互致以问候，主人带领宾客去客厅小坐，敬以茶点。宾客到齐后引导宾客入席。

入席座次礼仪需要遵循一些原则："以右为尊""居中为上""以远为上"。即如图所示圆桌，远离正对门的位置为上座，主人应坐上座。第

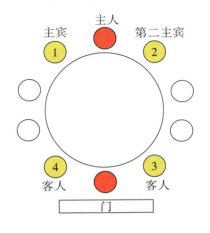

二主人正对主人而坐。宾客以主人右边为尊，第一宾客坐于主人右侧，第二宾客坐于左侧；第三宾客坐于第二主人右侧，第四宾客坐于第二主人左侧。

主人先请客人入座上席，应等长者坐定后，方可入座。入座时要从椅子左边进入。入座后坐姿要端正，与餐桌保持一定距离，不要动筷子，不要弄出响声来，也不要起身走动。如果有事情需要向主人打招呼。

宴饮结束，主人引导客人入客厅小坐，上茶，直到辞别。宾客须等主人离席后方可离席，离席时应帮助长辈拖拉座椅。中途离席应主动与主人道歉并说明缘由，离席时切勿喧哗，餐后离席也应主动与主人打招呼并表示感谢。

 酒水礼仪

一席餐饮总是有餐有饮，饮品的斟倒及饮用也是有相关礼仪规范的。关于茶水饮用文化，需要注意以下事项：座位离茶水壶最近的人应该负责为其他人和自己斟茶，晚辈应自觉将茶水壶移至自己位置为大家斟茶，斟茶的次序按照年岁，由最长者至最年轻者，最后为自己斟，上茶时应以右手端茶，从客人的右方奉上，并面带

微笑，眼睛注视对方。当人家为你斟茶时，礼节上应该用手指轻敲桌子，称为"叩手礼"，这样做是对斟茶者表示感谢和敬意。俗话说："酒满敬人，茶满欺人。"斟茶水不可斟满，一般斟至八分满为宜；斟白酒则需斟

满以表尊敬，但也应观察被敬酒人的态度，不能强行斟满；斟红酒时，一般斟至三分满；啤酒尽量斟满，但也不要让泡沫溢出。

敬茶敬酒的时间和顺序也是极其重要的，客人坐定，由主人敬酒让菜，客人以礼相谢。席间敬茶敬酒，应先待长辈相互敬酒后，晚辈方可敬茶敬酒。主人或宾客讲话时不可举杯敬酒，这样对发言者来说是很不礼貌的。晚辈应先敬长辈，再敬同辈。一般以年龄大小、职位高低、主宾身份为序。与朋友相互敬酒则可稍随意些，可按照顺时针方向进行。

敬茶敬酒时需注意自己杯子里的酒水应不少于被敬酒者，自己杯子应低于他人，自己应当站起来，伸出杯子与对方碰杯，若对方与自己位置相隔较远可用酒杯杯底轻碰桌面，也可以表示和对方碰杯。敬酒时应有祝酒词，祝酒词应是令人感到心情愉悦的祝福语。

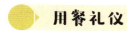

用餐礼仪

1. 中餐礼仪

（1）进餐前

①饭桌上预备的餐巾主要是防止衣物被弄脏，其次用于擦嘴和擦手，不要用餐巾擦拭餐具。待全桌人坐定后方可使用餐巾，将餐巾摊开放在大腿上。

②要适时和旁边的人聊天以调和气氛。不要谈悲伤的事，不一直与同一个人交流，忌窃窃私语。

③通常主人提议让客人先动筷子。有好几位客人时，由其中的长者、尊者先动筷子。

（2）进餐时

①就近夹菜，但不要只吃一个菜。如果是旋转桌，别人夹菜的时候不要转桌子。

②同时和别人夹到一盘菜时要礼让。可以向人介绍某道菜，建议品尝

一下，但不要主动为人夹菜或添饭。

③要将食物夹入口，不可将口凑到食物前。送食物入口时，两肘应向内靠，不宜向两旁张开，碰及邻座。

④小口进食，不要大口塞，咽下一口，再吃下一口。口内有食物时不要说话。

⑤吃进嘴的食物，不要吐出来，如食物温度高，可喝水或饮料冲凉。食物和汤类再烫，也要让它自然凉，不要用嘴去吹。

⑥不要吐鱼刺、骨头等，要用手放到自己的碟子里，或用纸巾包好。

⑦食物带汁，不能匆忙送入口，要在盘子里控干再夹入自己碗中。

⑧取菜舀汤，应尽量使用公筷公匙。不要任意搅动热汤。喝汤时不要出声。

⑨打嗝或打喷嚏时，应转身用餐巾或纸巾遮挡嘴部，说声"不好意思"。

⑩如欲取用摆在同桌其他客人面前的调味品，应请邻座客人帮忙传递，不可伸手横越，长驱取物。

⑪进餐的速度应与男女主人同步，不宜太快，亦不宜太慢。

⑫切忌喧哗，控制自己的音量。

⑬吃饭时不要玩手机，手不要放在桌子底下。

⑭不要舔筷子，任何时候不要把舌头伸出来。

⑮如果不小心把饮料洒在别人身上，一定先照顾人，再清理饮料。

（3）进餐后

①如非必要，不在餐桌上剔牙，特殊情况下要用纸巾或手挡住。切忌用手掏牙齿，应用牙签，并以手或手帕遮掩。

②餐具务必摆放整齐，餐巾折好放在餐桌上，不可凌乱放置。

2. 西餐礼仪

西方家庭素有"把餐桌当成课堂"的传统。从孩子上餐桌的第一天起，家长就开始对他们进行有形或无形的"进餐教育"，帮助孩子学会良好的进餐礼仪。西方孩子一般两岁时开始系统学习用餐礼仪,四岁时就学到用餐的所有礼仪。五岁左右的孩子会乐于做一些餐前摆好所有餐具、餐后收拾餐具等力所能及的事。

（1）入座

最得体的入座方式是从左侧入座。当椅子被拉开后,身体保持几乎要碰到桌子的距离站直,领位者会把椅子推进来,腿碰到后面的椅子时,就可以坐下来了。用餐时,上臂和背部要靠到椅背,腹部和桌子保持约一个拳头的距离。两脚交叉的坐姿最好避免。

（2）上菜顺序

上菜顺序为：面包黄油→冷菜→汤→海鲜→主菜→甜点心→咖啡和水果。冷菜、汤,同时就着面包吃；冷菜也叫开胃小菜,作为第一道菜,一般与开胃酒并用；汤分清汤和奶油浓汤；主菜有鱼、猪肉、牛肉、鸡等；甜食常有冰激凌、布丁等；最后是咖啡或红茶。

（3）餐具的摆设和使用

西餐餐具主要有刀、叉、匙、盘子、玻璃杯等。在摆放方法上,中餐较为简单,而西餐就比较复杂,共同原则是：垫盘居中,叉左刀右,刀尖

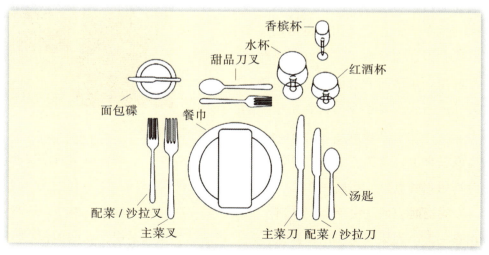

西餐餐具的摆放方式

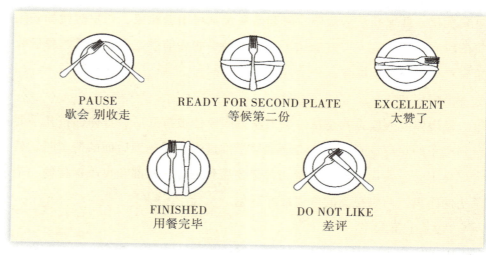

PAUSE
歇会 别收走

READY FOR SECOND PLATE
等候第二份

EXCELLENT
太赞了

FINISHED
用餐完毕

DO NOT LIKE
差评

西餐刀叉用语

向上，刀口向内，盘前横匙，主食靠左，餐具靠右，其余用具酌情摆放。酒杯的数量与酒的种类相等，摆法是从左到右，依次摆烈性酒杯、葡萄酒杯、香槟酒杯、啤酒杯。

西餐中餐巾放在盘子里，餐具的取用应由外而内，切用时可以使用法式，即左手拿叉右手拿刀，边切边用；也可用英美式，即右手拿刀、左手拿叉，切好后再改用右手拿叉取用。谈话时有肢体语言或传菜时，应将刀叉放下，不要手拿刀叉在空中挥动。用完刀叉后，应将其横放于餐盘中央，而不是盘边或餐桌上；放置方式为刀口朝着自己，叉口朝左，以确保取走时的安全性。用完餐盘后，不应往外推，将其留在原处便可。

喝汤时应该是由碗盘外缘舀至内侧，喝完后汤匙不可留在碗中，应放在碟子上。如果喝汤所用是深盘，就应将汤匙放在深盘中，汤匙柄朝右。在喝茶或喝咖啡时，用完调匙后应放在碟子上，直接拿起咖啡杯就口，而不是以调匙舀用。喝酒时则应拿高脚杯的杯脚，而不是杯身，因为如果喝的是白酒或香槟，可长保其冷却，如果喝的是红酒或其他酒，则可欣赏酒色。

在西方餐桌上，用餐结束的摆置方式有两种：用餐结束后，可将叉子的凸起面向上，刀子的刀刃侧向内与叉子并拢，平行放置于餐盘上，尽量将柄放入餐盘内，这样可以避免因碰触而掉落，服务生也较容易收拾。

（4）用餐禁忌

在美国，不允许进餐时发出声响，不允许用自己的餐具替他人取菜，不允许吸烟，不允许向别人劝酒，不允许当众脱衣解带，不允许议论令人作呕之事。当口中有食物时，不可喝水、喝汤或讲话，如果不小心犯了此错，应说"Excuse me"，待食物吞下后，再继续话题。进餐时应尽量参与话题，不要保持沉默，或只与邻座讲话而忽略其他宾客。如果对某些食物过敏或不喜欢，可以只取一些或根本不拿，并婉转地向女主人解释。进餐期间如果咳嗽，应以餐巾捂住，并致歉。但如果太严重，则不妨先离座，等缓和后再返回座位。在餐桌上也不可用牙签剔牙，最好等到宴毕后到洗手间用牙签取出。女士也不可在餐桌上补妆。有事须先行离席，应向在场的人致意。

实践作业

1.请同学们分配好主客关系，模拟入座顺序。

2.列举在别人进餐时你不能忍受的习惯，共同讨论大家普遍接受的餐桌礼仪。

厉行节约 拒绝浪费

　　"一粥一饭，当思来之不易；半丝半缕，恒念物力维艰。"节约粮食是中华民族的美德，也是家家户户的传统。然而随着生活水平的提高，浪费粮食的情况时有发生，饭菜倒掉习以为常，觉得浪费粮食不是什么大事。殊不知：节约粮食永不过时！

　　在生活中有哪些食品浪费现象呢？我们又应该怎么避免食品浪费呢？

课题聚焦

◎浪费粮食对国家有什么影响？

◎身边有哪些食品浪费现象？

◎如何避免食品浪费？

　　我国是一个资源极度紧缺的国家，粮食供求关系长期偏紧，人均耕地不足世界人均耕地面积的 40%，人均拥有水资源仅为世界人均占有量的 1/5，农业生产面临的保障粮食等重要农产品有效供给任务艰巨。为确保国家粮食安全，国家不断加大对粮食增产投入，但我国粮食产后损失现象却十分严重。根据资料显示，餐饮消费环节浪费触目惊心。大量粮食损失一方面造成淡水、耕地、能源等上游投入资源的大量浪费；另一方面还导致温室气体排放、下游废物处理等严重的环境问题。

▶ 浪费现象

1. 学校食堂浪费

学校浪费现象有多严重，看看摆在食堂里的泔水桶就知道了。据调查，有大部分的同学经常不把饭吃完，有些同学甚至只吃了几口就把饭菜倒掉了。而倒掉饭菜的原因主要有如下三点：一是意欲"营养均衡"打了多份菜，然而胃口不佳不能吃完；二是所打的饭菜不合口味，实在勉强不下；三是食堂阿姨"手不抖"添饭太多，胃口小的同学，尤其是女生不得不倒掉。食堂的工作人员在食堂放了2个泔水桶，每天早、中、晚餐过后，这2个桶就装得满满的，一个泔水桶约装30千克，同学们思考下，这一个月就会有多少的粮食浪费啊！

2. 家庭烹饪浪费

现在家庭烹饪浪费现象也十分严峻，对于大多数家庭来说，夫妻二人上班、一个孩子上学，只有晚饭时一家人才能聚在一起。晚餐就变成了一家人的正餐，都要准备新鲜的饭菜。但是，许多菜不能放置过夜，当晚没吃完的就会被倒掉。部分留到第二天的也因做了新菜还是逃不过倒掉的命运。

其实家庭饭菜倒掉的原因，除了不新鲜，还因为油和豆瓣等佐料放得多，回锅再次加热以后口味太重无法食用。

当然还有一个重要原因，家庭烹饪多为老年人在家烹饪。老人总会担心儿女工作辛苦，孙子学习太累，在单位在学校吃不好吃不饱，家里的饭菜就会做得多，也就剩得多倒得多了。

而对于独居的年轻人来说，倒掉剩饭剩菜也是常事。他们因一个人做饭较麻烦，常准备够2—3天的饭菜。但饭菜吃了两天色香味全无，也就只有倒掉了。再因工作繁忙，食材可能一周采购一次堆满冰箱。有时买太多了，很久没拿出来吃，时间一长就忘记了，冰箱里放久的食材只有扔掉。

3. 宴请浪费

宴请浪费行为，在中国尤为突出。"光盘行动"的提出获得全国上下积极响应，这些年相关部门发布了不少条例，厉行节约反对浪费，成效显著。然而，在一些地方浪费现象并未完全消失。

一些地方的宴请浪费之风难以遏制，原因林林总总，但说到底，是人们好面子、讲排场的虚荣心和生怕被人小看了的心理在作祟。一位宴席上的"常客"直言不讳：宴请上请的根本就不是饭，是主家的体面。在此心理驱使下，勤俭节约成了小气寒酸，奢侈浪费反受鼓励而大行其道。

或许有人要说，置办一席丰盛的酒席才能显示出对人生大事应有的重视，更何况现在物质生活条件越来越好，也完全消费得起。但消费不等于浪费，对人生大事的重视也不应建立在漠视有限资源的基础上。宴请浪费，往小了说，是耗费钱财浪费食物，往大处讲，是浪费资源破坏生态，更进一步说，会让攀比之风蔓延。

节俭的饮食习惯

1. 多素少荤

高中生物课会探讨一个问题，如下图所示的食物网如果将原来的膳食结构鸡肉∶粮食 =1:3，改为鸡肉∶粮食 =1:5，玉米供养的人数会怎么变？理论上，玉米供养的人数将会增多，因为调整后的膳食结构中，增加了玉米的数量，减少了粮食到鸡的能量损失，人获得的能量增加。

所以从生物学能量流动的角度来看，能量沿着食物链单向流动，逐级递减。所以，直接吃素比吃肉消耗的粮食更少。节约粮食，从调整膳食结构开始。

2. 按需购食

人们对食物的需求是有限的，不管是在自家烹饪还是在外就餐宴请，都应该按照需求购买。"取之有度，用之有节，则常足；取之无度，用之不节，则常不足。"节约粮食看起来只是个人的小事，但乘以 14 亿人口，就是天大的国事。粮食总产量有限，人人都浪费，就会动摇国家安全的根基；相反，人人都节约，就是在"增加"粮食，能够让我们"手中有粮，心中不慌"。历史上，不少灾荒之年因为缺粮少粮，饿殍遍地。在吃饭问题上，我们要居安思危，不能好了伤疤忘了疼。在家烹饪购买食材的时候不要为了省事，一次性大量购买。这样可以避免粮食因存放太久而变质浪费。

在外宴请时，切忌为了所谓的面子而置办远超需求的丰盛酒席。宴请可以适度布餐，也可以将自助餐的形式引入宴请，这样既可以避免浪费又很有"排面"。

在学校食堂就餐时，也应适量取餐，食量不佳可以少购买餐食，也可以跟食堂阿姨沟通，少添一些饭。

3. 避免粮食保存浪费

对粮食的保存也要合理，要采取切实措施减少粮食储藏、流通、加工等环节的浪费。要引导和帮助农民做好粮食收获和储存，努力做到颗粒归仓。要发扬"宁流千滴汗，不坏一粒粮"的优良传统，不断提高科学储粮、节粮减损的能力和水平。

高中生物有提及，五谷杂粮、干粮的保存需要低温低氧干燥的环境，而蔬菜水果则需低温低氧有一定湿度的环境。将所学知识用于生活，避免粮食因储存不当而造成的变质腐坏浪费。

崇尚节俭、反对浪费，不应只属于个人私事，而要成为全社会的共识和行动准则。加强对浪费的约束与处罚，把遏制浪费提升到法律高度，通过立法和教育，让节约光荣、浪费可耻、挥霍有罪的节俭理念深入人心，从而打造节约型社会，这是必要之举。

我们应该从现在开始，立即行动起来，不做"必剩客"，争当"光盘族"，如果吃不了，那我们就"兜着走"。勤俭节约，反对浪费，从我做起，从身边小事做起，为社会文明与进步做出积极贡献。

实践作业

1. 分组调查学校每周倒掉的饭菜量及师生倒掉剩余饭菜的原因。
2. 尝试统计家里储备物资（如大米、面粉等）的剩余量，并提出切实可行的储存方案。

中国美食的传承与发展

问题探讨

如今，我们普普通通的一日三餐的食材，也许是来自全国各地，甚至世界各地的。看似普普通通的饮食却能折射出文化发展和文化交流。

今天，你都吃了哪些食物？他们都是传统的中国食品吗？他们是否都原产于本地呢？

课题聚焦

◎中国的八大菜系分别是什么？

◎川菜的主要派系及其代表菜式有哪些？

中国早期饮食文化的发展概况

我国地大物博，各地饮食文化丰富多彩，比如中原的农耕文明孕育了以米面等为主食的饮食习惯，碳水化合物成为人们主要的能量来源；而北方的游牧民族则更多地食用各种奶制品和肉制品，动物蛋白质摄入量更大；漫长的海岸线上，东南地区人民又精于烹饪各种海货。

不同的地理环境，不同的气候特征，催生了不同的物产，也造就了不同的烹饪方法和饮食习惯。人们还创造出来不同的烹饪工具，一步步地创新了对食物的处理方式。最早的烹饪是直接利用篝火的烘、烤，也许就是在用泥土包裹食物进行烘烤的过程中，人们意外发现了泥土经火烧后会变得更硬，于是陶器应运而生了。陶器出现以后，煮、炖、煨、蒸等烹饪方式出现了，再到青铜和铁器被应用到厨具上之后的炒、煎，还有利用蒸汽创造的蒸、利用盐的焗，利用多种调料的卤、酱，利用微生物发酵技术的腌、泡、酿等。人们在烹饪方法上一直不断尝试，不断创新。中国人还是世界上最早发明利用油温加快烹煮食物的做法的民族。油脂升温快，保温性强，不但可以大大加快食物成熟的速度，而且能在烹饪过程中为食物添加额外的油脂，从而提供更多的热量和更丰富的味觉体验。所以属于农耕文明圈的中原人民，虽然动物油脂的获得量要低于游牧民族，但对油料作物的大量栽培弥补了这一缺憾。油菜、大豆、花生等油类作物，自从它们进入中原那一刻，无不得以在我国迅速地推广。

菜系的形成和发展

中国地大物博，在漫长的历史进程中，因为各地的地形、气候、物产等各不相同，所以勤劳智慧的各地人民因地制宜，逐渐创造出了在选材、加工和烹饪手法等方面都具有明显地域特色的各色地方菜系。比如曾经的四大菜系：鲁菜，川菜，粤菜和淮扬菜。而传至今日，已经形成著名的八大菜系。他们分别是：以咸鲜见长的鲁菜、以麻辣见长的川菜、以鲜香见长的粤菜、以清淡见长的苏菜、以清淡见长的浙菜、以鲜香见长的闽菜、以香辣见长的湘菜，以及以鲜辣见长的徽菜。

川菜及其他

　　各大菜系都有自己的独到之处，而发源于四川、重庆地区的川菜，因其口感丰富，麻辣刺激，颇受现代人的喜爱。川菜主要以麻、辣、鲜、香为特色，调料众多，多使用复合味，所以有"味在四川"之说。川菜常见的味型主要有麻辣、椒麻、酸辣、红油、糖醋、鱼香、麻酱、蒜泥、芥末、怪味等。各种辣椒、花椒、豆瓣酱和胡椒等为其特色调味品。川菜文化博大精深，随着近现代各地区餐饮文化的互相交流，相互融合，现代饮食文化界将川菜体系划分为三大流派，分别是上河帮（成都、乐山地区），下河帮（重庆及川东地区）和小河帮（自贡、内江、宜宾、泸州），此三大流派代表着当今川菜发展的最高水平。

　　很多人说起川菜，只知道"麻辣"二字，其实这是一种误解，川菜里也有很多不辣的菜式。上河帮的口味，在川菜中属于比较清淡平和的，它用料讲究准确，注重保持传统川菜的经典口味，很多大家耳熟能详的经典传统川菜都来自上河帮。比如开水白菜、乐山甜皮鸭、宫保鸡丁、盐烧白、回锅肉、蚂蚁上树、麻婆豆腐等。当然，上河帮中也有麻辣的菜式，比如蒜泥白肉、灯影牛肉等。上河帮的主要代表是成都和乐山等地区。

　　下河帮特色为比较麻辣，多家常菜，多创新菜，主要指重庆及川东等地区（达州等地）的菜式。此地人民热情豪爽，菜也一样痛快淋漓。重庆的火锅和各种江湖菜就是下河帮的代表。下河帮菜系擅长融会贯通，兼容并包，经过多年的不断发展积累，逐渐形成了以辣子鸡、辣子肥肠等为代表的辣子系列，以芋儿鸡、泉水鸡等为代表的干烧系列，以泡椒兔、泡椒鸡杂等为代表的泡椒系列等，还有万州烤鱼、各色干锅和毛血旺等。现在，这些麻辣鲜香、红红火火的菜式无一不是现代人亲友聚餐的首选。

　　小河帮的菜式与上河帮、下河帮相比都有较明显的区别，口味浓郁醇厚，创意独特而大气。小河帮是自贡菜、内江菜、宜宾菜和泸州菜的总称，在川菜体系中独树一帜。对辣味的应用独具匠心，分为辛辣、麻辣和甜辣等多种风格，小米辣也是小河帮的特色调味料之一。小河帮对其他的调料使用也丰富大胆，烹饪手法多样而独具一格，因此口味浓郁刺激，食之难忘。代表菜式有富顺豆花、冷吃兔、李庄白肉、火边子牛肉、芙蓉乌鱼片等。

除川菜外，粤菜也是近年来广受欢迎的一大菜系。粤菜选材考究，注重原料的季节性和选取食材的最佳部位，"不时不吃"。口味上讲究"清、鲜、嫩、滑、爽、香"，追求原料的本味的清鲜。调味少用辣椒花椒等辛辣作料，追求清淡鲜嫩和食材本味的特色。代表菜有白斩鸡等。

随着现代人在生活空间上的不断拓展和交流，各大菜系也在不断地交流融合，不断地发展。

 ## 中华饮食文化发展现状

中国文化具有极大的包容性，这一点在饮食上体现得淋漓尽致。数千年来，各地的饮食文化不断交流，中国的各大菜系一直是在传承中不断发展的。而随着华夏儿女的足迹遍布全球，中国的饮食文化也在慢慢地影响着世界各地。你可以在纽约的街头买到煎饼果子，也可以在东欧的餐厅品尝到正宗的麻婆豆腐，你可以在澳大利亚的超市买到泡茶用的藏红花，也可以在日本的饮料店看到种类繁多的珍珠奶茶。可以说中国饮食文化正在被世界上越来越多的人所认识和喜爱，美食让世界更了解中国。

饮食文化的交流不但包括"走出去"，也包括"引进来"。如今，随着生产力的提高和交通的发展，人类食品的富足程度达到空前的状态，世界各地饮食文化交流的深度和广度也达到了空前的程度。美食的交流促进了文化的交流，通过品尝不同地区的美食，可以了解不同地区和国家的文化和传统，结识世界各地的朋友，这正是美食的魅力所在。近年来，来自世界各地的美食正在丰富着普通中国家庭的餐桌。咖喱、冬阴功、沙嗲、黑椒等各种新口味已经被越来越多中国人所接受，汉堡、意大利面、韩国泡菜、日本寿司等也成为大家餐桌上的常客。有趣的是，对很多外来的食材和烹饪方式，聪明的中国人民也进行了改良，让它们更适合中国人的胃。比如，传统西餐中的猪排和乌克兰的罗宋汤到了中国上海，摇身一变就成了极具上海特色的海派炸猪排和改良版罗宋汤。而现在在中国很常见的"肉酱"意大利面其实也是中国厨师们对传统意大利面的一种改良之作，那一勺美味的肉酱正是中国大厨们的杰作。以宽容的心态去学习和接纳，这正是中华传统文化的特色，这一点在饮食文化上也不例外。

辣椒原产于拉丁美洲，于明朝传入我国；红薯原产于东南亚，于明朝传入我国；番茄原产于南美洲，刚开始作为观赏植物，直到清朝末年在我国被作为蔬菜栽培。而白菜、豆芽、猕猴桃等原产于我国的蔬菜水果，如今已经走出国门，遍布世界各地了……中国漫长而璀璨的饮食文化一直就是在不断吸收、不断学习、不断交流的过程中发展而来的。继往开来，兼容并包，自信开放，这种精神正是一个文明保持旺盛生命力的力量源泉。

实践作业

1. 你知道自己家乡的传统经典菜式吗？你能列举出一种来自国外的菜式吗？请尝试制作一道传统菜式或者外国引进的菜，欢迎您大胆改良创新。

2. 现在我们身边人都在吃些什么？有哪些受欢迎的美食？如果你要开一家美食店，你会选择哪些菜式？对学校或小区附近的餐饮市场进行调研后回答此问题。

参考文献

［1］陈作红，杨祝良，图力古尔，等.毒蘑菇识别与中毒防治［M］.北京：科学出版社，2016.

［2］李林静，李高阳，谢秋涛.毒蘑菇毒素的分类与识别研究进展［J］.中国食品卫生杂志，2013（04）.

［3］刘培贵，杨祝良.叶状耳盘菌——一种易与木耳相混淆的毒菌［J］.中国食用菌，1992（01）.

［4］国家卫生计生委.中国居民营养与慢性病状况报告（2015）［R］.2015.

［5］吴燕.一粥一饭当思来之不易——由日本的食育受到的启发.［J］.教育教学论坛，2013（01）.

［6］赵节昌.基于中国饮食文化的"食育"发展思考［J］.农产品加工，2018（07）.

［7］侯鹏，王灵恩，刘晓洁，等.国内外食育研究的理论与实践［J］.资源科学，2018（12）.

［8］李小伟，张春铭.食育改变舌尖上的未来［N］.中国教育报，2014-06-24（05）.

［9］健康中国行动推进委员会.健康中国行动（2019—2030年）［Z］.2019.

［10］教育部，国家市场监督管理总局，国家卫健委.学校食品安全与营养健康管理规定［Z］.2019.

［11］王瑜，黄程佳.我国幼儿食育必要性及其促进策略［J］.陕西学前师范学院学报，2016（04）.

［12］马冠生.学生营养 食育做起［N］.中国食品报，2015-06-09（01）.

［13］李莹.中国食品安全及其监管制度研究［D］.吉林大学，2014.

［14］张树庭.蕈菌生物学——关于蕈菌生产及蕈菌产品［J］.中国食用菌，1994（03）.

［15］张树庭.蕈菌学（mushroomology）［J］.食用菌，1991（03）.

［16］陈芸芸，李巧云.传统泡菜发酵过程中主要成分的动态分析［J］.漳州师范学院学报（自然科学版），2009（02）.

［17］李晓慧，马超，彭莉.泡菜中硝酸盐与亚硝酸盐的含量分析［J］.中国果菜，2016（04）.

［18］王广印，马新立，张建伟，等.无公害蔬菜、绿色蔬菜和有机蔬菜的比较分析［J］.吉林农业科学，2006（06）.

［19］云无心.外出就餐，餐具安全吗？［J］.健康与营养，2016（Z2）.

［20］崔雨桐.仿瓷餐具安全系数低［J］.中国防伪报道，2015（02）.

［21］阿木尔吉日嘎拉.关于密胺餐具安全性的几点思考［J］.内蒙古石油化工，2011（23）.

［22］林星辉.竹木餐具内有毒有害物质的研究与分析［D］.福建农林大学，2014.

［23］安心.健康饮食攻略［J］.安全与健康，2006（03）.

［24］陈小丹.不同年龄段的健康饮食攻略［J］.烹调知识，2018（11）.

［25］郭家欣.药食同源理论的基本认识与浅谈［J］.人人健康，2019（17）.

［26］朱朝德.药食同源话葛根［J］.现代中医药（北京），2015（4）.

［27］左铮云，刘志勇，乐毅敏主编.中医药膳学［M］.北京：中国中医药出版社，2015.

［28］冷越，王学东，吕庆云，等.不同酵母在发酵面制品中的应用研究［J］.中国粮油学报，2018（11）.

［29］何贝.几种典型面食酵母的发酵适应性研究［D］.武汉轻工大学，2015.

［30］刘怀宇.浅析乳酸菌与酵母菌在馒头发酵过程中的作用［J］.中外交流，2017（05）.

［31］姜联合.制作酵母发酵剂［J］.生物学通报，2019（07）.

［32］叶春苗.我国果酒研究发展现状［J］.农业科技与装备，2016（03）.

［33］刘宗敏，周红丽，谭兴和.泡菜中乳酸菌的研究进展［J］.中国酿造，2016（10）.

［34］蒋丽，丁学亮.乳酸菌在泡菜加工中的研究［J］.中外食品工业（下半月），2015（04）.

［35］王猛，蒋云露，杨建涛，等.不同盐质量浓度四川泡菜腐败前后微生物的分析比较研究［J］.食品科学，2015（13）.

［36］周佳，龙思伊，仝静雯，等.乳酸菌接种发酵泡菜工艺研究［J］.中国果菜，2018（12）.

［37］臧明丽，李璐，庄妍妍，等.乳酸菌在泡菜生产中的应用研究进展［J］.饮食科学，2018（18）.

［38］王丽丽.乳酸菌的分离及酸奶的发酵［J］.食品安全导刊，2016（33）.

［39］罗青.食用菌营养价值及开发利用研究［J］.郑州师范教育，2015（02）.